Gerhard Kempf

Textknacker

Lesetexte besser verstehen
und
kreativ schreiben können

3. Jahrgangsstufe

Zeichnungen: Monika Hirmer

umweltfreundlich
auf
chlorfreiem
Papier

Copyright: pb-verlag - 81243 München - 2023

ISBN 978-3-89291- **520-1**

DEUTSCH
RECHTSCHREIBEN

1./2. JAHRGANGSSTUFE

P. DORN /A. WEIß

NEUE WEGE
ZUM RICHTIGEN SCHREIBEN
1. JAHRGANGSSTUFE

102 SEITEN, DIN A4
KOPIERVORLAGEN

BEST.NR.: 980   19,90 €

P. DORN /A. WEIß

NEUE WEGE
ZUM RICHTIGEN SCHREIBEN
2. JAHRGANGSSTUFE

170 SEITEN, DIN A4
KOPIERVORLAGEN

BEST.NR.: 981   24,90 €

ANDREA REICHERT

SCHREIBEN
LEICHT GEMACHT
1./2. JAHRGANGSSTUFE

62 SEITEN, DIN A4
KOPIERVORLAGEN IN VA

BEST.NR.: 994   14,90

3./4. JAHRGANGSSTUFE

KURZDIKTATE, RECHTSCHREIBTESTS, REGELBEGLEITETES SCHREIBEN

KARL-HANS SEYLER

RICHTIG SCHREIBEN 3. KLASSE,
RECHTSCHREIBSTRATEGIEN
ZUR VERBESSERUNG
DER SCHREIBKOMPETENZ,
52 SEITEN, DIN A4,
20 KURZDIKTATE,
3 RECHTSCHREIBTESTS
BEST.NR.: 147   14,90 €

GERHARD KEMPF

RICHTIG SCHREIBEN NACH
RECHTSCHREIBREGELN 3. KLASSE,
KOMPETENZ FÜR
REGELBEGLEITETES SCHREIBEN,
80 SEITEN, DIN A4,
RECHTSCHREIBTESTS, PRÜFUNGS-
ARBEITEN, PROBEDIKTATE
BEST.NR.: 139   18,90 €

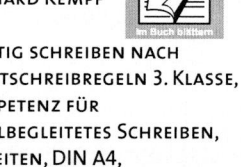

M. KELNBERGER

ÜBUNGS- UND
DIKTATTEXTE ZUM
GRUNDWORTSCHATZ 3./4.

158 SEITEN, DIN A4
KOPIERVORLAGEN

BEST.NR.: 528   24,90

KARL-HANS SEYLER

RICHTIG SCHREIBEN 4. KLASSE,
RECHTSCHREIBSTRATEGIEN
ZUR VERBESSERUNG
DER SCHREIBKOMPETENZ,
52 SEITEN, DIN A4,
20 KURZDIKTATE,
3 RECHTSCHREIBTESTS
BEST.NR.: 148   14,90 €

GERHARD KEMPF

RICHTIG SCHREIBEN NACH
RECHTSCHREIBREGELN 4. KLASSE,
KOMPETENZ FÜR
REGELBEGLEITETES SCHREIBEN,
96 SEITEN, DIN A4,
RECHTSCHREIBTESTS, PRÜFUNGS-
ARBEITEN, PROBEDIKTATE
BEST.NR.: 140   19,90 €

GERD STUCKERT

MEIN
RECHTSCHREIB-REGELHEFT,
GWS GEORDNET NACH
RECHTSCHREIBFÄLLEN

32 SEITEN, DIN A4

BEST.NR.: 990   6,90 •

DIFFERENZIERTES SCHREIBEN, LERNFELDER RECHTSCHREIBEN, RECHTSCHREIBSTRATEGIEN

M. KELNBERGER

RECHTSCHREIBEN
NACH KOMPETENZSTUFEN
3./4. JAHRGANGSSTUFE BD.I

68 SEITEN, DIN A4
KOPIERVORLAGEN

BEST.NR.: 094   16,90 €

GERD STUCKERT

RECHTSCHREIBSTRATEGIEN
3./4.JAHRGANGSSTUFE

174 SEITEN, DIN A4
KOPIERVORLAGEN, KARTEIKARTEN

BEST.NR.: 521   24,90 €

GERD STUCKERT

MIT TIPPS U. TRICKS
ZUM RECHTSCHREIB-KING
3./4. JAHRGANGSSTUFE

66 SEITEN, DIN A4
KOPIERVORLAGEN

BEST.NR.: 369   16,90

M. KELNBERGER

RECHTSCHREIBEN
NACH KOMPETENZSTUFEN
3./4. JAHRGANGSSTUFE BD.II

68 SEITEN, DIN A4
KOPIERVORLAGEN

BEST.NR.: 095   16,90 €

M. SCHWEIGER-HOLL

RECHTSCHREIBEN
NACH LERNFELDERN ZUM
SACHUNTERRICHT 4. KLASSE

132 SEITEN, DIN A4
KOPIERVORLAGEN

BEST.NR.: 589   22,90 €

GERD STUCKERT

FREMDWÖRTER
VERSTEHEN UND RICHTIG
SCHREIBEN 3./4. KLASSE

66 SEITEN, DIN A4
KOPIERVORLAGEN

BEST.NR.: 004   16,90

Inhaltsverzeichnis

Literaturverzeichnis

- Leo Lionni: Frederick. © 1967, 2003 für die deutschsprachige Ausgabe Beltz & Gelberg in der Verlagsgruppe Beltz, Weinheim/Basel
- Rudolf Otto Wiener: Der gute Räuber Willibald. © R. O. Wiener
- Leo Lionni: Swimmy. © 1963, 2004 für die deutschsprachige Ausgabe Beltz & Gelberg in der Verlagsgruppe Beltz, Weinheim/Basel
- James Krüss: Wenn das M nicht wär' erfunden. Aus: Bienchen - Trienchen - Karolinchen © Boje Verlag, Stuttgart 1977
- Franz Hohler: Der Pfingstspatz. Aus: Das Einhorn sagt zum Zweihorn, 42 Schriftsteller schreiben für Kinder, gesammelt und herausgegeben von Gert Loschütz © Gertraud Middelhauve Verlag GmbH & Co. KG, Velber/Hannover 1966/1974
- Ursula Wölfel: Hannes fehlt. In: Inge Lustig und Ruth Ruzicka: Der Kinderbaum © Annette Betz Verlag, Wien/München 1976
- Der Rabe und der Fuchs. Aus: Dimiter Inkiow: Aesops Fabeln © Nymphenburger Verlag in der F. A. Herbig Verlagsbuchhandlung GmbH, München 2004
- Der Rabe und der Fuchs (Comicstrip). Zeichnung: Jan P. Schniebel. Aus: rororo rotfuchs Bd. 23 © Rowohlt Taschenbuch Verlag, Reinbek 1973
- Frans Haacken: Der Müller und sein Sohn. Aus: Von Narren und Weisen und anderen Tieren © Georg Bitter Verlag, Recklinghausen 1973
- Friedl Hofbauer/Christa Unzner: Jorinde und Joringel. Aus: Die beliebtesten Märchen der Gebrüder Grimm © Annette Betz Verlag, Wien/München 2001
- Helmut Zöpfl: Das Kostbarste. Aus: Gedichte für bayerische Schulen, Jg. 1-4 © Ernst Klett Verlag GmbH & Co. KG, Stuttgart 1985
- Aesop: Maulwurf und Igel. Aus: Inge Lustig und Ruth Ruzicka (Hrsg.): Die bunte Kinderschaukel © Annette Betz Verlag Wien/München 1978
- Die kleinen Kolosse der Savanne. Aus: Orientierungsarbeiten Deutsch Lesen, 3. Jahrgangsstufe © ISB Staatsinstitut für Schulpädagogik und Bildungsforschung, München 2003
- Die Stadtmaus und die Feldmaus, nach Martin Luther (1483-1546). Etliche Fabeln aus Esopo. In: D. Martin Luthers Werke. Kritische Gesamtausgabe, 50. Band © Hermann Böhlaus Nachfolger, Weimar 1914
- Rita ärgert sich. Aus: Das große Rolf-Krenzer-Buch © Ächter Verlag, Würzburg
- Der Hase und die Schildkröte. Aus: Fabeln des Äsop, nacherzählt von Rudolf Hagelstange © Otto Maier Verlag, Ravensburg 1965
- Der Fuchs und der Bock im Brunnen. Aus: Das große Fabelbuch. Neubearbeitung von Käthe Recheis © Verlag Carl Ueberreuter, Wien o.J.
- Josef Guggenmos: Das große, kecke Zeitungsblatt. Aus: Gorilla, ärgere dich nicht! © Beltz Verlag, Weinheim/Basel
- Josef Quadflieg: Der Sonnengesang des heiligen Franziskus. Aus: Josef Quadflieg: Franziskus © Patmos Verlag, Düsseldorf 2000
- Rübezahl und die Wandergesellen. Aus: J. K. A. Musäus: Volksmärchen der Deutschen, hrsg. von Paul Zaunert, Jena 1912
- Der heilige Nikolaus (Volksgut). Aus: Deutschbuch für Kinder. Ausgabe B. 4. Schuljahr (S. 164) © Hirschgraben-Verlag, Frankfurt am Main
- Gleichnis vom verlorenen Sohn (Lukas 15; 11-32). © P. Pattloch Verlag, Aschaffenburg 1960
- Georg Bydlinski: Wann sind Freunde wichtig? Aus: Wasserhahn und Wasserhenne. © Dachs Verlag, Wien 2002. Rechte bei Patmos-Verlag, Düsseldorf.
- Bertolt Brecht: Die Vögel warten im Winter vor dem Fenster. Aus: Gedichte 1948-1956, Band 7. © Suhrkamp Verlag, Frankfurt am Main 1964
- J. W. von Goethe: Ein großer Teich war zugefroren. Aus: Erich Trunz (Hrsg.): Goethes Werke. Hamburger Ausgabe. Band 1. Gedichte und Epen I. © C. H. Beck, München 1982

Vorwort

Texte verstehen – Texte schreiben

Diese Unterrichtsvorbereitung in Form von strukturierten Arbeitsblättern zur Schulung der **Lese- und Schreibkompetenz** enthält 35 verschiedene Lesetexte zu unterschiedlichen Textsorten. Das **Konzept** richtet sich zum Teil nach den Orientierungsarbeiten für Lesen in der Grundschule, zum anderen verwirklicht es das Doppelseitenprinzip. Auf der jeweils linken Seite des Buches steht der Lesetext, der genutzt werden kann für Übungen zur Schulung der **Lesefertigkeit** wie wortgenaues, flüssiges und klanggestaltendes Lesen. Auf der rechten Seite werden zum Lesetext zugehörige Arbeitsaufträge zur Klärung von Inhalt, Gehalt und Betrachten von Sprache gestellt, um die **Lesefähigkeit** zu fördern. Schüler erhalten vielfältige Gelegenheiten, sich mit Texten auseinanderzusetzen, mit Texten kritisch und kreativ umzugehen.

Die Aufgabenfolge richtet sich nach dem allgemeinen Strukturmodell für Lesen und verwirklicht das Unterrichtsprinzip vom Leichten zum Schweren. Zunächst entnehmen die Schüler einfache Informationen aus dem Text und schreiben sie auf. Damit kommen die Anforderungsstufen der Reproduktion und der Reorganisation zur Anwendung. Ein weiterer Schwerpunkt dieses Trainingsbandes liegt darin, dass die Anforderungstufen des problemlösenden Denkens und des Transfers umgesetzt werden. Die Schüler erhalten immer wieder Gelegenheit zum **freien und kreativen Schreiben** – auch unter Anleitung – von eigenen Texten und Transfertexten. So dürfen sie selbstständig fantasiereiche Erzählungen, Fabeln, Märchen, Gedichte und Sachtexte verfassen, wobei für leistungsschwächere Schüler anschauliche Lernhilfen bereitgestellt werden.

Die strukturiert und bildreich gestalteten Arbeitsblätter können auch eingesetzt werden zur **Lernzielkontrolle**. Allerdings müssten dann die Zeilenhinweise wegretuschiert werden. Aus Platzgründen kann zur jeweiligen Aufgabe nur eine begrenzte Anzahl von Leerzeilen zur Verfügung gestellt werden. Erfahrungsgemäß gibt es in jeder Klasse Schüler, die auch viel schreiben. Reicht der Platz nicht mehr aus, sollen sie – unter Angabe der Nummer – auf der Rückseite des Arbeitblattes oder auf dem Block weiterschreiben.

Die **Lösungen** zu den Arbeitsblättern sind ausführlich ausgearbeitet worden, können jederzeit im Diskriminationsverfahren interpretiert und als zusätzliche Lösungshilfen für leistungsschwächere Schüler genutzt werden. Alle Arbeitsblätter sind effektiv einsetzbar für Einzel-, Partner- und Gruppenarbeit, für offene Unterrichtsformen wie Stationenbetrieb und Lerntheke.

Mithilfe dieses Trainingsbandes können Lernziele des **Lehrplanes** umgesetzt werden.

Lesen: Lesetechniken anwenden – mit unterschiedlichen Textsorten umgehen – am literarischen Lesen teilnehmen.

Schreiben: gestalterische Mittel anwenden – freie Texte schreiben – in kreativitätsanregenden Situationen schreiben.

Ich wünsche allen Kolleginnen und Kollegen ein freudvolles und erfolgreiches Arbeiten mit dieser Unterrichtsvorbereitung.

Der Verfasser

D	Name: _____	Klasse: ____	Datum: _____	Nr. ____

Kimis Flug ins Ungewisse

Wir schreiben das Jahr *2040*. Der Raumgleiter Mars-Trans-*XX12* verlässt gerade die Erdumlaufbahn und nimmt direkten Kurs auf den Planeten Mars. Funkelnde Sterne glitzern am nachtschwarzen Weltraumhimmel und in der Ferne taucht bereits der hell erleuchtete Vollmond auf.

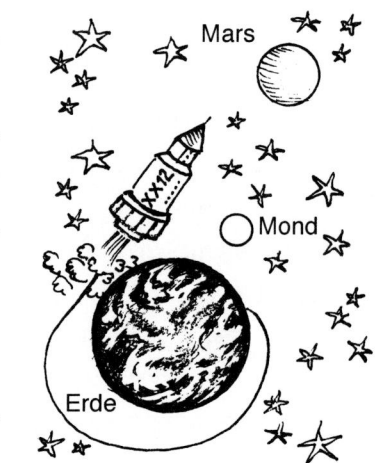

An Bord: die elfköpfige Besatzung mit ihrem erfahrenen Kommandanten Gero Kreuzer und seinem neunjährigen Sohn Kim. Das Raumschiff ist ein riesiger Versorgungstransporter und bringt frische Lebensmittel, Samen und Gewürze, Wasser- und Sauerstoffbehälter und Brennstoffzellen zur Marskolonie. Die ersten Astronauten haben diese bereits im Jahre *2032* auf dem Mars gegründet. „Wie lange wird der Flug zum Mars noch dauern?", fragt Kim schon etwas besorgt seinen Vater. „Mit der schwachen Sonnenlichtenergie als Antrieb wird es wohl Monate dauern. Aber wie ich eben durch Funk erfahren habe, gehen die Vorräte auf der Marssiedlung langsam zur Neige. Ich muss deshalb den neu entwickelten, superschnellen Jonenstrahlantrieb einschalten. Wir können dann in wenigen Wochen den Mars erreichen." „Gott sei Dank!", flüstert Kim erleichtert. Er blickt jetzt schon nicht mehr so ängstlich durch das Bullauge des Transporters in den dunklen Weltenraum.

Kimi, wie ihn seine Freunde auf der Erde liebevoll nennen, soll nach dem Wunsch seines Vaters in die *3.* Marsklasse kommen und ein Marsjahr auf dem Mars verbringen. Danach muss er wieder auf den blauen Heimatplaneten Erde zurückkehren, weil ein längerer Aufenthalt wegen der gefährlichen Weltraumstrahlung der Gesundheit schadet. Nach einer Flugzeit von *24* Wochen landet der Transporter sicher auf dem Landeplatz der Marskolonie.

Die kleine Ansiedlung von Erdbewohnern liegt am Rande der Ariosa-Ebene am Fuße des Berges Mons roti. Zu ihr gehören mit Schutzglas überdachte Gärten und Plantagen, Wohn- und Schlafstätten, Vorratslager und ein unterirdisches Energiezentrum. In einer großen Felsenhöhle befinden sich Transporter, Kampfjets und Rettungsraketen für Weltraumflüge.

Anosa-Ebene

| **D** | Name: _____ | Klasse: ____ | Datum: _____ | Nr. ____ |

Schon am nächsten Tag in der Früh wird der Neuankömmling Kim von den sieben Schulkindern der 3. Marsklasse herzlich begrüßt. Die Lehrerin Frau Rotauge, hat an die Tafel geschrieben: Willkommen Kim, du bist jetzt ein Marsianer! „Was hast du uns von der Erde Schönes mitgebracht?", fragt Ursa neugierig. Freudig überreicht Kim aus seinem Schulsack allen Kindern bläulich-schimmernde Kristallkugeln, auf denen die fünf Erdteile abgebildet sind.

Und die Lehrerin überrascht Kim gleich mit einer freudigen Ankündigung: „Du hast Glück, Kim, morgen werden wir mit dem beweglichen Marsmobil Rotundo auf den Berg Mons roti fahren und die letzte steile Strecke zu Fuß auf den Gipfel gehen. Da kannst du gleich deinen neuen Raumanzug anziehen."

Am nächsten Morgen bricht die Schulklasse frühzeitig auf und steigt ins überdachte Marsmobil. Auf Befehl von Kommandant Gero Kreuzer begleitet ein Sicherheitsoffizier der Weltraumflotte X 1 in einem Düsenschlitten die Gruppe. Nach einer gemütlichen Fahrt von einer Stunde durch die rötlichen Sanddünen am Rande der Ariosa-Ebene, wird die erste Anhöhe des großen Kraters angesteuert.

Da geschieht das Unfassbare! Eine feurige Kugel mit einem langen, glühenden Schweif zischt vom Himmel herab und verschwindet hinter der Bergkuppe.

Erschrocken funkt der Sicherheitsoffizier an die Marsstation: *27, 11, 3* - Notfall! - Meteoriteneinschlag! - Staubwolke!

1. Schreibe eine spannende **Fortsetzungsgeschichte**.

D Name: _____ Klasse: ____ Datum: _____ Nr. ____

„Achtung! Hinter der Bergkuppe ist ein Meteorit eingeschlagen", ruft der Sicherheits-offizier, „flüchtet euch in die nahe Felsenhöhle!" Doch schon kommt eine rote Staubwolke angebraust und verdunkelt alles. „Hilfe, ich ersticke!", schreit die ängstliche Julia. Auf der Marsstation ist das Notsignal der Ausflugsgruppe empfangen worden. Hastig springen Gero Kreuzer und drei Sanitäter in den Rettungsjet SOS *1107*. „Lasst eure Empfangsgeräte eingeschaltet", funkt Kims Vater zurück, „wir können euch dann mit Radar und Infrarotlicht leicht orten. Kommen sofort!"

Und wirklich! Nach kurzer Zeit werden alle Ausflügler von der Rettungsgruppe gefunden und unverletzt in Sicherheit gebracht. „Zum Glück kommt ein Meteo-riteneinschlag äußerst selten auf dem Mars vor", beruhigt Gero Kreuzer seinen verstörten Sohn, „ist ja weiter nichts Schlimmes passiert." Trotzdem schlottern Kims Beine noch eine ganze Weile.

Die Zeit auf dem Mars vergeht für Kim wie im Flug. In der Schule lernt er auch die Robotersprache. Marsroboter können sich nur in Zahlen ausdrücken. „Kim, wenn du willst, darfst du in den Ferien auf einem Erkundungsflug zum Jupitermond Europa mitfliegen. Dort gibt es Eis und Seen, also genügend Wasser für unsere kleine Basisstation", ermuntert Vater Gero seinen Sohn. „Oja, das wäre toll!"

In den Ferien ist es soweit. Das Raum-schiff fliegt mit Hyperpace los in Rich-tung Jupiter. Auf dem Weg dorthin wird es plötzlich in einen Spiralnebel, in ei-nen Raum-Zeit-Tunnel gesogen. Kom-mandant Gero Kreuzer erklärt: „Kim, du kannst jetzt eine Zeitreise in die Vergangenheit der Erde antreten." „Wie geht das?", fragt Kim neugierig. „Du brauchst nur in die Zeitmaschine den Ort und die Zeit eingeben und im sel-

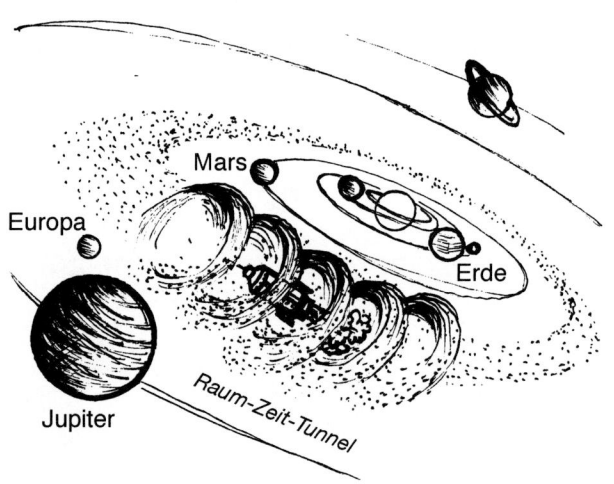

ben Augenblick befindest du dich in dieser Zeit auf der Erde. Wenn dich die damaligen Menschen fragen, woher du kommst, dann sage, dass du ein Findling bist und deine Eltern verloren hast." „Und wie komme ich wieder zurück?" „Gib bei Gefahr auf deiner Zeituhr die Zahl *2040* ein, dann wirst du auf das Raumschiff zurückgebeamt."

Der mutige Kim tippt in die Zeitmaschine ein:

Donautal, vor *15 000* Jahren

2. Schreibe auf, was Kim in dieser Zeit erlebt haben könnte.

D Name: _____ Klasse: ____ Datum: _____ Nr. ____

Kim ist überrascht. Plötzlich befindet er sich wieder auf der Erde, versteckt sich vorsichtshalber im Gebüsch. Er sieht den Steinzeitmenschen zu. Sie haben sich vor ihrer Wohnhöhle versammelt. Eine Frau entfacht gerade das Feuer. Auf einer heißen Steinplatte wird Karibufleisch gegart. Ein Handwerker fertigt einen neuen Speer mit einer scharfen Steinklinge an. Eine andere Frau näht Kleidung für die Horde. Der Sippenführer kommt gerade von der Jagd zurück und hängt Fische vom nahen Fluss an einem Ast zum Trocknen auf. Ein Kind spielt auf einer Felldecke.

Plötzlich rennt ein etwa neunjähriger Junge aus der dunklen Höhle heraus ins Freie. Seine Mutter will ihn zurückhalten und ruft: „Mui, mata!" Doch Mui rennt direkt auf Kim zu und hat ihn auch schon entdeckt. „Mirascha miruschu?" Kims Sprachcomputer im Ohrknopf übersetzt: „Wo kommst du her?" „Moma a dada, schua alona", antwortet Kim mithilfe seines Sprachcomputers. Es bedeutet: Eltern verloren, bin alleine. Kim ist froh, dass er sich so gut mit Mui unterhalten kann.

„Komm mit in die Höhle, ich will dich meiner Mutter vorstellen", schlägt Mui vor. Kim geht zögernd mit. Muis Mutter Maiama ist freundlich zu Kim, als sie erfahren hat, dass er seine Eltern verloren hat. Maiama fragt den Sippenführer, einen großen, kräftigen, bärtigen Mann: „Naruso! Darf der Junge bleiben?" Der Sippenführer ist einverstanden.

Am späten Nachmittag schickt Maiama die beiden Jungen zum Pilze- und Beerensammeln in den Wald. Nach dem Abendessen gehen Kim und Mui in die Wohnhöhle, spielen miteinander und schlafen dann auf der weichen Felldecke ein. Am nächsten Morgen wird Kim durch lautes Brüllen geweckt. Ein großer Bär greift die Horde an. Jetzt bekommt es Kim mit der Angst zu tun. Schnell tippt er auf seiner Zeituhr die Zahl 2040 ein. Im selben Moment wird er zurückgebeamt auf Vaters Raumschiff.

| **D** | Name: _____ | Klasse: ____ | Datum: _____ | Nr. ____ |

Überglücklich umarmt Kimi seinen Vater und erzählt ihm alles, was er vor *15 000* Jahren mit den Steinzeitmenschen erlebt hat. Nach einer Flugzeit von vier Wochen im Raum-Zeit-Tunnel spuckt der Spiralnebel das Raumschiff wieder aus, das nun direkt die Basisstation auf dem Jupitermond Europa ansteuern kann. Dort angelangt erkunden Gero Kreuzer und seine Wissenschaftler das Eismeer und fliegen anschließend wieder zum Mars zurück. Nach einem Jahr auf dem Mars, das *687* Tage dauert, muss Kim wieder zur Erde zurückfliegen. Der Flug ins Ungewisse, für Kimi ist es zur Gewissheit geworden.

3. Bist du ein Experte in Weltraumfragen? Löse das Quiz. Kreuze an.

Großes Weltraum-Quiz

a) Wie lassen Ozeane und Lufthülle die Erde vom Weltraum aus erscheinen?

                 O schwarz (Z)   O blau (M)

b) Welche Farbe hat der Marsstaub?   O rötlich (E)   O grünlich (F)

c) Wie viele Tage beträgt der Umlauf der Erde um die Sonne in einem Jahr?

                 O 265 Tage (K)   O 365 Tage (T).

d) Wie lange dauert das Jahr auf dem Mars?

                 O 587 Tage (L)   O 687 Tage (E).

e) Leuchten die Planeten im Weltall?

                 O von sich aus (R)

                 O Planeten von der Sonne angestrahlt (O)

f) Welcher Mond gehört zu Jupiter?

                 O Deimos (W)   O Europa (R)

                 O Phobos (S)   O Titan (K)

g) Werden Menschen einmal den Mars besiedeln? Was meinst du?

                 O ja (I)   O nein (A)

h) Was gibt es auf Europa (Jupitermond)? O Eis (T)   O kein Eis (S)

i) Wer ist größer?   O Jupiter (N)   O Sonne (E)

j) Welcher Planet ist näher bei der Sonne? O die Erde (N)   O der Mars (V)

Lösungswort: ___ ___ ___ ___ ___ ___ ___ ___ ___ ___

Steckbrief unserer Erde:

Durchmesser: 12 756 Kilometer

Umlauf um die Sonne: 365 Tage

Eigene Umdrehung: 1 Tag = 24 Stunden

Sonnenabstand: 150 Millionen Kilometer

Temperatur: durchschnittlich + 15 Grad Celsius

Erdtrabant: 1 Mond

Merke!

| **D** | **Name:** _____ | **Klasse:** ____ | **Datum:** _____ | **Nr.** ____ |

4. Du darfst jetzt - wie Kimi - eine **Zeitreise** in die **Vergangenheit** der Erde antreten. Gib in die Zeitmaschine einen Ort und die Jahreszahl ein.

_____ - _____

Erzähle, was du in dieser Zeit alles erlebt hast.

5. Du kannst aber auch das Leben der **Menschen** vor **3 000 Jahren** anhand des Bildes genau beschreiben.

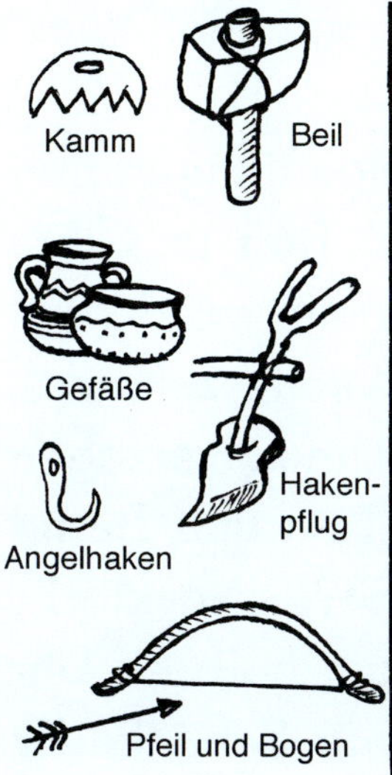

Kamm   Beil

Gefäße

Angelhaken   Haken-pflug

Pfeil und Bogen

Dorf in der Jungsteinzeit - vor 3000 Jahren

Wie lebten die Menschen vor 3000 Jahren?

| **D** | Name: _____ | Klasse: ____ | Datum: _____ | Nr. ____ |

Die gruseligste Nacht in Tinas Leben

Strahlend leuchteten die Sterne vom nachtklaren Himmel und der Vollmond tauchte rötlich gefärbt hinter einer Hügelkuppe auf. Die Kinder aus Tinas Klasse 3 a saßen mit ihrer Lehrerin, Frau Schönfelder, rund um das Lagerfeuer. Die Flammen züngelten hoch, die trockenen Zweige knisterten, knackten und krachten. Es brodelte und brutzelte und duftete nach gebratenen Äpfeln und Bratwürstchen. Heute war der letzte Abend im Zeltlager am Staffelsee. Morgen werden alle mit dem Bus wieder heimfahren.

Gespannt lauschten die Kinder den Gruselgeschichten, die einige Jungen und Mädchen beim flackernden Schein des Lagerfeuers erzählten. Tina und ihre Freundinnen hatten dabei großen Spaß daran, die Jungen immer wieder zu ärgern und zu necken. Da schlug die Turmuhr der nahen Dorfkirche zehnmal. Frau Schönfelder rief: „Ab ins Bett, es ist schon 10 Uhr." Schnell verzogen sich die Kinder in ihre Zelte. Die Lehrerin lief noch hastig zu Tom und Bernd und bat sie: „Könnt ihr Zwei bitte das Lagerfeuer noch löschen?" „Na klar!", jubelten die Jungen begeistert. „Ihr wisst ja, wie es geht und um halb elf Uhr spätestens seid ihr auch im Bett, dass das klar ist!", fügte Frau Schönfelder hinzu. „Okay, versprochen!", riefen Tom und Bernd und machten sich ans Werk.

Alle waren jetzt schon in ihren Schlafsäcken, nur Tom und Bernd schlichen noch draußen herum. Auch Tina hatte sich hinter einem Busch nahe dem Lagerfeuer noch versteckt und wollte die Buben belauschen. „Hey Bernd", flüsterte Tom, „holst du mir einen Kübel voll Wasser, damit löschen wir die Glut!" „Mach ich sofort, aber es ist so langweilig ohne die anderen", entgegnete Bernd. „Oh, ich habe eine prima Idee. Wir könnten doch die Mädchen in Tinas Zelt erschrecken. Die ärgern uns ja auch immer!", murmelte Tom. „Tolle Idee! Wie hast du dir das vorgestellt?", fragte Bernd neugierig. „Also, wir nehmen je ein altes Bettlaken, schneiden zwei Löcher für die Augen hinein, stülpen es über uns und halten unter dem Laken eine eingeschaltete Taschenlampe in der Hand.

„Genau nach dem zwölften Glockenschlag, um 12 Uhr Mitternacht, zu Beginn der Geisterstunde, werden wir als Gespenster im Mädchenzelt erscheinen und Furcht erregend rufen: Huh, huh, huh!"

Obwohl die beiden leise gesprochen hatten, hatte Tina alles mitgehört. Sie schlich zu ihrem Zelt zurück und erzählte den anderen Mädchen von dem üblen Plan der zwei Buben. „Was sollen wir machen?", murmelte Steffi. „Ich habe eine prächtige Idee", rief Julia. „Nicht so laut!", meckerte Tina. „Erzähl! Wir lauschen." „Als Erstes müssen wir ..."

D | Name: _____ | Klasse: ____ | Datum: _____ | Nr. ____

Lerne, wie du diese spannende Erlebniserzählung **betont** und **klanggestaltend** vortragen kannst.

1. Regeln für richtiges Vorlesen

a) Einen längeren Text in Sinnschritte einteilen

Du kannst beim Vorlesen nach jedem Sinnschritt eine kleine **Lesepause** machen und - wenn nötig - Luft holen. Das Zeichen für eine Pause ist ein **Schrägstrich** / .

Trage in den **1. Abschnitt** Pausenzeichen ein

Beispiele: Die Kinder aus Tinas Klasse 3 a / saßen mit ihrer Lehrerin, / Frau Schönfelder, / rund um das Lagerfeuer. / Die Flammen züngelten hoch, / die trockenen Zweige knisterten, knackten und krachten. / Es brodelte und brutzelte. / ...

b) Wörter richtig betonen

Grundsätzlich kannst du selbst bestimmen, welches Wort du in einem Satz besonders betonen willst. Sprich es etwas **lauter** aus. Es wird dann auch besonders hervorgehoben, der **Sinn** betont.

Unterstreiche im **2. Abschnitt** des Lesetextes alle Wörter, die du beim Vorlesen besonders betonen willst.

Beispiele: Gespannt lauschten die Kinder den **Gruselgeschichten**, die einige Jungen und Mädchen beim **flackernden** Schein des Lagerfeuers erzählten. Tina und ihre Freundinnen hatten dabei **großen** Spaß. ...

c) Sätze klanglich ausgestalten

Überlegt in Gruppenarbeit, welche Sätze im Text ihr klanglich ausgestalten und ergänzen wollt. **Beispiele:**

- Zweige knisterten, knackten, krachten. *Knicke Zweiglein!*
- Die Turmuhr schlug 10-mal. *Lass einen Gong erklingen! Gong, gong, ...*
- Verdeutliche sprachlich das Löschen der Glut. *Zisch, sch, sch, s.*
- Die Buben riefen: „Huh, huh, huh!" *Blase auf einem Flaschenhals.*

2. Schreibe eine spannende **Fortsetzungsgeschichte**.

Welche prächtige Idee wird Julia wohl haben? Wird der geplante Streich der Jungen gelingen? Oder werden die Mädchen ihn verhindern? Wähle selbst das Thema aus.

        Ein gelungener Streich   **Der misslungene Streich**

_____

von _____

| **D** | **Name:** _____ | **Klasse:** _____ | **Datum:** _____ | **Nr.** _____ |

„Als Erstes müssen wir so tun, als schliefen wir. Wenn die Buben sich wundern, dass wir uns nicht rühren, springen wir plötzlich auf und erschrecken sie mit unseren Masken!", erklärte Julia leise. „Oh, super!", freuten sich alle. Gesagt, getan.

Tapp, tapp, tapp schlichen die Jungen vor das Zelt der Mädchen. Doch Tina und ihre Freundinnen mussten nur leise kichern. Die Turmuhr schlug *12* Uhr. Tom zählte bis drei. „*1, 2* und *3!*" Bernd und Tom sprangen ins Zelt, riefen: „Huh, huh!" „Was ist mit denen?", fragten sie sich verblüfft, als die Mädchen nicht reagierten. Plötzlich sprangen Tina und ihre Freundinnen mit den Masken vor dem Gesicht auf und kreischten wild. Tom und Bernd waren ganz starr vor Angst. Eine Gänsehaut lief ihnen den Rücken hinunter. Ihre Zähne klapperten. „Ha, ha", rief Tina, „so, jetzt haben wir es euch gezeigt." Aufgeregt liefen alle Kinder aus dem Zelt.

„Da, da!", stotterte Tina plötzlich. Kalter Schweiß brach ihr aus. „Was ist denn?", fragte Julia. Tina antwortete nicht, sie zeigte nur auf einen Busch. Alle schauten hin. Da war ein Bär, ein richtiger echter Bär. Schnell rannten alle davon. Der Bär lief hinter Bernd und Tom her. Die Kinder hatten fürchterliche Angst, als ging es um ihr Leben.

Der Bär blieb stehen. „Was ist mit ihm los?", fragte Tina entsetzt.

„Schaut mal hin!" Der Bär hatte sein Bärenfell etwas vom Kopf gezogen und wer guckte da heraus? Die Lehrerin, unsere Frau Schönfelder!

Als Tina sich wieder gefasst hatte, fragte sie die Lehrerin: „Woher wussten sie von unserem Gruselstreich?" „Ich habe zufällig beobachtet, wie die Buben sich alte Bettlaken besorgt haben, um euch als Gespenster verkleidet zu erschrecken. Da hab' ich halt schnell das alte Bärenfell vom Platzwart geholt und mich als Bär verkleidet", antwortete Frau Schönfelder.

Jetzt konnten alle nur noch darüber lachen. Die Jungen wollten den Mädchen einen Streich spielen, die Mädchen erschreckten die Jungen. Und auch die Lehrerin hatte ihren Spaß dabei. Wieder zu Hause erzählte Tina ihr Erlebnis ihren Eltern. „Das war der gruseligste Abend in meinem Leben", rief Tina.

D Name: _____ Klasse: ____ Datum: _____ Nr. ____

Lerne, wie du eine Erzählung betont vortragen kannst.

Weitere Regeln für das richtige Vorlesen

a) Wörterfolgen mal langsam, mal schnell vorlesen

• Wenn die Buben sich wundern,

dass wir uns nicht rühren, / springen wir plötzlich auf.

Wörter **langsam** lesen.   Wörter immer **schneller** vorlesen.

b) Wörterfolgen leise oder laut vortragen

• *Tapp, tapp, tapp,* so schlichen die Jungen *zum Zelt.*

Wörter immer **leiser** sprechen; Satzschluss nur noch flüstern.

• Tom zählte bis drei: *„Eins, zwei und drei!"*

Zahlen immer **lauter** aussprechen; Zahl ,3' laut und schnell sprechen.

• Bernd und Tom sprangen ins Zelt, riefen: *„Huh, huh, huh!"*

Die letzten Wörter gedehnt, immer heulender aussprechen. Huuhh!

c) Gefühle und Stimmungen zum Ausdruck bringen

• „Ha, ha, ha, jetzt haben wir es euch gezeigt!"

Ausrufewörter spöttisch, lächerlich machend vorlesen.

• „Da, da!", stotterte Tina plötzlich.

Ausrufewörter angsterfüllt, stotternd lesen: „D, d, d, da, da!"

• „Was ist mit dem Bären los?", fragte Tina entsetzt.

Fragesatz mit ängstlicher Miene vorlesen.

3. Übe das richtige Lesen für einen **Vorlesewettbewerb**.

- Unterstreiche auf der ganzen Seite alle Wörter,

  welche du **betont** aussprechen willst.

- Trage den Text wortgetreu, flüssig und betont vor.

- Beachte die erarbeiteten Vorleseregeln. Viel Erfolg!

4. Schreibe auf deinen Block eine fantasiereiche **Gespenstergeschichte**.

Du kannst dir auch eine gruselige **Treppengeschichte** ausdenken.

Eines Nachts ...
  Allein zu Hause ...
    Schritte im Keller ...
      Einbrecher im Haus?
        Mutig die Treppe hinab ...
          Licht verlöscht ...
            Unheimliche Dunkelheit ...
              Gespenst berührt mich ...
                Schreckliche Angst ...
                  Licht geht an ...
                    Welch eine Überraschung!

Ein Gespenst!

| D | Name: _____ | Klasse: ____ | Datum: _____ | Nr. ____ |

Der Pfingstspatz
Franz Hohler

1   Viel weniger bekannt als der Osterhase ist der Pfingstspatz.
2   Er legt allen Leuten am Pfingstsonntag ein Grashälmlein auf den
3   Fenstersims, eines von der Art, wie er es sonst zum Nestbau braucht.
4   Das merkt aber nie jemand, höchstens ab und zu eine Hausfrau,
5   die es sofort wegwischt.
6   Der Pfingstspatz ärgert sich jedes Jahr grün und blau über seine
7   Erfolglosigkeit und ist sehr neidisch auf den Osterhasen, aber
8   ich muss ehrlich sagen, das mit den Eiern finde ich auch die
9   bessere Idee.

1. Der Sperling, kurz Spatz genannt, ist ein graubrauner, tschilpender Vogel. Schreibe auf, was er am Pfingstsonntag tut.

_____

_____

2. Finde die Gründe heraus, warum sich der Pfingstspatz jedes Jahr am Pfingstsonntag grün und blau ärgert.

_____

_____

3. Ostern wird jedes Jahr gefeiert am ersten Sonntag nach dem ersten Vollmond nach Frühlingsbeginn. Vor Ostern liegt die Fastenzeit. Da hat man keine Eier essen dürfen. Was meinst du, wie viele Eier sich bis Ostern angesammelt haben! Schreibe auf, was der Osterhase am Ostersonntag tut.

_____

_____

4. Der Pfingstspatz ist neidisch auf den Osterhasen. Auch der Autor dieser Geschichte meint zum Schluss: „Ich muss ehrlich sagen, das mit den Eiern ist die bessere Idee." Bist du der gleichen Meinung?

_____

_____

_____

D	Name: _____	Klasse: ____	Datum: _____	Nr. ____

Lerne nun, wie du richtig vorlesen kannst.

5. Viel weniger bekannt als der Osterhase ist der Pfingstspatz.

• Sprich den Satz nicht im „Singsang" aus , sondern in Gedanken, Sinnschritten. Der Schräg-strich ist ein Pausenzeichen: /

• Betone das wichtige Wort. Osterhase oder Pfingstspatz? Natürlich ist es der Pfingstspatz.

Lies jetzt richtig vor: Viel weniger bekannt als der Osterhase / ist der **Pfingstspatz**.

6. Er legt allen Leuten am Pfingstsonntag ein Grashälmlein auf den Fenstersims, eines von der Art, wie er es sonst zum Nestbau braucht.

• Teile selbst einmal diesen Satz in Gedankengänge, in Sinnabschnitte ein und setze die Pausenzeichen (/).

• Welche Wörter willst du besonders betonen? Unterstreiche sie rot.

Lies diesen Lösungsvorschlag vor:

Er legt allen Leuten am Pfingstsonntag ein **Grashälmlein** auf den Fenstersims, / eines von der Art, / wie er es sonst zum **Nestbau** braucht.

7. Das merkt aber nie jemand, höchstens ab und zu eine Hausfrau, die es sofort wegwischt.

• In der Regel macht man **nach** einem Komma oder **nach** einem Punkt ein Pause, damit du den Sinn gut verstehen kannst, Luft holen kannst.

• Aber beim Vorlesen sollst du die Geschichte eher erzählen. Also kannst du das Komma auch manchmal **überlesen**, das heißt **keine** Pause nach dem Komma machen.

Überlesezeichen: ⌣

Lies laut vor: Das merkt aber nie jemand, / höchstens ab und zu eine **Hausfrau**, die es sofort wegwischt. (Letzten Satzteil schnell lesen!)

8. Zeige, was du gelernt hast. Teile den Satz in Sinnabschnitte (/) ein, unterstreiche die betonten Wörter. Überlese das Komma (⌣).

Der Pfingstspatz ärgert sich jedes Jahr grün und blau über seine Erfolglosigkeit und ist sehr neidisch auf den Osterhasen, aber ich muss ehrlich sagen, das mit den Eiern finde ich auch die bessere Idee.

Decke den folgenden Lösungsvorschlag mit einem Blatt Papier ab.

– –

Lies zur Kontrolle laut vor:

Der **Pfingstspatz** ärgert sich jedes Jahr grün und blau über seine Erfolglosigkeit / und ist neidisch auf den **Osterhasen**, aber / ich muss ehrlich sagen, das mit den **Eiern** finde ich auch die bessere Idee.

9. Trage das ganze Lesestück betont vor. Setze vorher die Pausenzeichen (/), unterstrei-che die betonten Wörter rot und überlese manche Kommas (⌣).

| D | Name: _____ | Klasse: ____ | Datum: _____ | Nr. ____ |

Hannes fehlt
Ursula Wölfel

1   Sie hatten einen Schulausflug gemacht. Jetzt war es Abend und sie

2   wollten mit dem Autobus zur Stadt zurückfahren. Aber einer fehlte noch.

3   Hannes fehlte. Der Lehrer merkte es, als er die Kinder zählte.

4   „Weiß einer etwas von Hannes?", fragte der Lehrer. Aber keiner wusste

5   etwas. Sie sagten: „Der kommt noch."

6   Sie stiegen in den Bus und setzten sich auf ihre Plätze. „Wo habt ihr ihn

7   zuletzt gesehen?", fragte der Lehrer. „Wen?", fragten sie. „Den Hannes?

8   Keine Ahnung. Irgendwo. Der wird schon kommen."

9   Draußen war es jetzt kühl und windig, aber hier im Bus hatten sie es

10 warm. Sie packten ihre letzten Butterbrote aus. Der Lehrer und der

11 Busfahrer gingen die Straße zurück. Einer im Bus fragte: „War der

12 Hannes überhaupt dabei? Den hab' ich gar nicht gesehen." „Ich auch

13 nicht", sagte ein anderer. Aber morgens, als sie hier ausstiegen, hatte

14 der Lehrer sie gezählt, und beim Mittagessen im Gasthaus hatte er sie

15 wieder gezählt und dann noch einmal nach dem Geländespiel. Da war

16 Hannes also noch bei ihnen.

17 „Der ist immer so still", sagte einer. „Von dem merkt man gar nichts."

18 „Komisch, dass er keinen Freund hat", sagte ein anderer, „ich weiß noch

19 nicht einmal, wo er wohnt." Auch die anderen wussten das nicht. „Ist

20 doch egal", sagten sie.

21 Der Lehrer und der Busfahrer gingen jetzt den Waldweg hinauf. Die

22 Kinder sahen ihnen nach. „Wenn dem Hannes jetzt etwas passiert ist?",

23 sagte einer. „Was soll dem passiert sein?", rief ein anderer. „Meinst du,

24 den hätte eine Wildsau gefressen?"

25 Sie lachten. Sie fingen an, sich über die Angler am Fluss zu unterhalten,

26 über den lustigen Alten auf dem Aussichtsturm und über das Gelände-

27 spiel. Mitten hinein fragte einer: „Vielleicht hat er sich verlaufen? Oder er

28 hat sich den Fuß verstaucht und kann nicht weiter. Oder er ist bei den

29 Kletterfelsen abgestürzt?"

D Name: _____ Klasse: ____ Datum: _____ Nr. ____

1. Abends wollten alle mit dem Bus zur Stadt zurückfahren. Aber **einer** fehlte. Der Lehrer merkte es.

Im Bus fragte er die Kinder: „Wo habt ihr Hannes zuletzt gesehen?" Was haben die Kinder daraufhin geantwortet? (Zeilen 7 - 8)

_____

2. Wann war Hannes noch bei seinen Klassenkameraden? Kreuze an.

O beim Mittagessen   O nach dem Geländespiel   O bei der Abfahrt

3. Woran erkennst du, dass Hannes doch etwas **anders** ist als seine Mitschüler? (Zeilen 17 - 18)

_____

_____

_____

_____

Hannes ist halt ein __ __ ß __ __ s __ __ __ __ __ .

4. Wo ist Hannes? Die Schüler stellten sich 3 Fragen. (Zeilen 27 - 29)

• _____

• _____

• _____

5. Schreibe auf, wie Hannes vermutlich wieder gefunden worden ist, welches **Abenteuer** er im Wald erlebt haben könnte.

_____

_____

_____

_____

_____

_____

_____

| **D** | **Name:** _____ | **Klasse:** ___ | **Datum:** _____ | **Nr.** ___ |

30 „Was du dir ausdenkst!", sagten die anderen. Aber jetzt waren sie
31 unruhig. Einige stiegen aus und liefen bis zum Waldrand und riefen nach
32 Hannes. Unter den Bäumen war es schon ganz dunkel. Sie sahen auch
33 die beiden Männer nicht mehr. Sie froren und gingen zum Bus zurück.
34 Keiner redete mehr. Sie sahen aus den Fenstern und warteten. In der
35 Dämmerung war der Waldrand kaum noch zu erkennen. Dann kamen
36 die Männer mit Hannes. Nichts war geschehen. Hannes hatte sich einen
37 Stock geschnitten und dabei war er hinter den anderen zurückgeblieben.
38 Dann hatte er sich etwas verlaufen. Aber nun war er wieder da, nun saß
39 er auf seinem Platz und kramte im Rucksack.
40 Plötzlich sah er auf und fragte: „Warum seht ihr mich alle so an?" „Wir?
41 Nur so", sagten sie. Und einer rief: „Du hast ganz viele Sommersprossen
42 auf der Nase!"
43 Sie lachten alle, auch Hannes. Er sagte: „Die hab' ich doch schon
44 immer."

6. Dann kamen die Männer mit Hannes zurück. Was war geschehen?

_____

_____

7. Warum haben alle Kinder im Bus den Hannes auf einmal
so **genau** angesehen, seine Sommersprossen im Gesicht
bemerkt?

Dafür gibt es **Gründe**. Schreibe sie auf.

Die hab' ich doch schon immer!

_____

_____

_____

8. Ein Schüler rief: „Du hast ganz viele Sommersprossen auf der Nase!" Wie ist dieser Satz
gemeint? Kreuze an.

O gehässig   O freundlich   O beleidigend   O lustig

9. Zum **Schluss** der **Geschichte** können alle Kinder wieder lachen, auch Hannes. Warum
wohl?

_____

_____

| **D** | Name: _____ | Klasse: ____ | Datum: _____ | Nr. ____ |

10. In der Geschichte haben die Schulkinder mit der Zeit ihr Verhalten **geändert**. Ordne die Begriffe folgerichtig zu.

freudig, froh - gleichgültig, gelangweilt - besorgt, aufgeregt

Die Kinder waren   Später waren sie   Zum Schluss fühlten

zunächst _____   _____ und   sie sich _____

und _____.   _____.   und _____.

11. Wie würdest du dich verhalten, wenn Hannes dein Mitschüler wäre?

_____

_____

12. Stelle dir einmal vor: Hannes wird spät abends immer noch nicht gefunden. Lehrer und Busfahrer treffen im Wald einen Förster. Dieser sagt: „Vor einer Stunde habe ich einen Jungen im Steinbruch gesehen." Ob das aber wirklich Hannes ist?
Schreibe anhand des Bildes einen **Steckbrief** für den Förster, wie Hannes ausschaut. Male vorher das Bild farbig aus.

Gesucht - Gesucht - **Gesucht: Hannes** - Gesucht - Gesucht

D	Name: _____	Klasse: ____	Datum: _____	Nr. ____

Rita ärgert sich

Rolf Krenzer

Als Rita auf den Schulhof kommt, schauen sich alle Mädchen nach ihr um. Sie laufen gleich zu ihr. Elfie sagt: „Du hast aber ein schönes Kleid an." Und Dagmar will wissen: „Ist das Kleid neu?"

Rita ist sehr stolz. Sie sagt: „Meine Tante hat es mir gestern geschenkt. Ich muss gut aufpassen, dass es nicht schmutzig wird!" Rita geht ganz vorsichtig über den Schulhof. Sie macht einen großen Bogen um jede Pfütze. Sie ist ja so stolz auf ihr neues Kleid.

Da kommt Walter angelaufen. Er rennt hinter Wolfgang her. Er schreit: „Warte nur, wenn ich dich fange!" Er schaut nicht, wohin er läuft. Und schon passiert es! Walter rennt die kleine Rita um. Sie fallen beide. Walter ist zuerst wieder auf den Beinen. Er hat Glück gehabt. Nur seine Hände sind schmutzig.

Aber wie sieht Rita aus! Sie sitzt auf dem Boden und schaut auf ihr neues Kleid hinunter. Ein großer, brauner Schmutzfleck ist da zu sehen.

Walter läuft schon wieder weiter. Er schreit: „Dumme Gans! Warum musstest du dich auch mir in den Weg stellen!" Jetzt weint Rita. Sie weint so laut, dass alle es hören müssen. Ihr tut es so Leid, dass ihr neues Kleid so schmutzig geworden ist. Die anderen Mädchen stehen um Rita herum.

Rita jammert: „Das sage ich unserer Lehrerin!" Alle Mädchen nicken. Sie haben großes Mitleid mit Rita. Sie gönnen es dem wilden Walter, dass Rita ihn verpetzen will. Sie meinen: „Das sagst du unserer Lehrerin!" Und Dagmar schreit hinter Walter her: „Das sagt Rita bestimmt unserer Lehrerin! Warte nur, Walter!"

„Dumme Gänse!", ruft Walter böse und läuft weiter hinter Wolfgang her.

D **Name:** _____ **Klasse:** ____ **Datum:** _____ **Nr.** ____

1. Warum geht Rita vorsichtig über den Schulhof? Kreuze an.

O Sie meidet jede Pfütze, damit ihre Schuhe nicht nass werden.

O Ein Pfützenspritzer könnte ja ihr neues Kleid beschmutzen.

2. Rita ist stolz auf ihr neues Kleid. Aber da passiert das **Missgeschick**! Beschreibe es.

Warte nur!

_____

_____

_____

_____

Wolfgang   Walter

3. Kreuze die **Eigenschaftswörter** an, die auf Walter zutreffen.

O böse   O hilfsbereit   O wild   O rücksichtsvoll   O beleidigend

O unbeherrscht   O freundlich   O gemütlich   O rücksichtslos

4. Wie fühlt sich Rita nach dem Unfall?

_____

_____

_____

5. Wer ist **schuld** am Unfall? Rita oder Walter? Walter behauptet ja, Rita habe sich ihm in den Weg gestellt.

_____

_____

6. Schreibe auf, wie die **Geschichte** weitergeht. Wird Rita Walter bei der Lehrerin verpetzen? Wird der wilde Walter sich bei Rita entschuldigen? Wie?

D Name: _____ Klasse: ____ Datum: _____ Nr. ____

Aber dann in der Schule hat Walter doch Angst. Hoffentlich sagt Rita nichts von ihrem Kleid! Er schaut immer wieder hinüber zu Rita. Sie sitzt in ihrer Bank und sieht ihn gar nicht an. Walter möchte ihr doch so gern sagen, wie Leid ihm alles tut. Er wollte Rita nicht umwerfen. Er schämt sich sehr. Aber er ist doch ein Junge. Da kann er sich nicht einfach bei einem Mädchen entschuldigen.

Den ganzen Morgen über wartet Walter darauf, dass Rita der Lehrerin doch von ihrem Kleid erzählt. Als endlich der Unterricht zu Ende ist, läuft Walter erleichtert nach Hause. Sie hat ihn nicht verpetzt! Am nächsten Morgen kommt Rita in die Klasse und wundert sich: Auf ihrem Tisch liegt ein dicker roter Apfel. Ein kleiner Zettel liegt daneben. Rita nimmt ihn in die Hand. Dann liest sie:

Liebe Rita!
Ich schenke dir den Apfel,
weil du mich gestern nicht verpetzt hast.
Dein W.

Rita freut sich. Sie möchte sich so gerne bei Walter bedanken. Aber der steht drüben bei den anderen Jungen und tut so, als sehe er Rita nicht.

7. Wieder in der Schule, möchte Walter Rita doch so gerne etwas sagen. Was denkt er?

_____

_____

8. Warum kann sich Walter nicht einfach bei Rita entschuldigen?
Finde diesen Grund heraus.

_____

9. Besprecht in der Gruppe, warum sich ein **Junge** nicht einfach bei einem **Mädchen** entschuldigen kann, wenn er etwas angestellt hat. Oder sollte er sich doch entschuldigen?
Was ist eure Meinung dazu?

_____

_____

_____

_____

_____

_____

Problem gelöst!

| **D** | Name: _____ | Klasse: ____ | Datum: _____ | Nr. ____ |

10. Nach Unterrichtsschluss läuft Walter erleichtert nach Hause. Warum wohl? Rita hat sich anders verhalten als Walter erwartet hat.

_____

11. Am nächsten Morgen kommt Rita in die Klasse. Ein roter Apfel liegt auf ihrem Tisch. Wofür hat sie ihn erhalten?

_____

12. Rita ärgert sich nun nicht mehr, freut sich, will sich bei Walter bedanken für den geschenkten Apfel.
Aber Walter steht nur abseits da bei den Jungen. Warum geht Rita nicht einfach hin zu Walter, um sich zu bedanken?

_____

13. Überlege: Walter hat Rita den Apfel eigentlich nur geschenkt, weil sie ihn nicht bei der Lehrerin verpetzt hat. Reicht der kleine Entschuldigungszettel aus? Schließlich hat Walter
• die kleine Rita umgerannt, dass sie zu Boden fällt.
    • Ihr neues Kleid hat einen braunen Schmutzfleck erhalten.
      • Walter schreit Rita an: „Dumme Gans!"
        • Er behauptet, Rita habe sich ihm in den Weg gestellt.
Stelle dir einmal vor: **Du** bist Walter.
Schreibe einen ausführlichen **Entschuldigungsbrief**.

Liebe Rita!
Ich schenke dir den Apfel, weil du mich gestern nicht verpetzt hast.

| **D** | Name: _____ | Klasse: ____ | Datum: _____ | Nr. ____ |

Der Rabe und der Fuchs
Äsop

Ein Rabe hatte ein wunderschönes großes Stück Käse gestohlen. Mit dem Käse im Schnabel flog er auf einen Baum und überlegte: „Wo finde ich ein ruhiges Plätzchen, um diesen Leckerbissen ungestört zu verzehren? Das ist heutzutage gar nicht so einfach."

Während der Rabe nachdenklich auf dem Baum saß, kam ein Fuchs vorbei. Sofort roch er den Käse und blieb stehen. „Wo mag dieser dumme Rabe bloß diesen wunderschönen Käse ergattert haben?", fragte er sich. „Diese Köstlichkeit möchte ich unbedingt haben." Daraufhin wandte er sich dem Raben zu und sagte laut: „Guten Tag, lieber Rabe. Gut, dass ich dich sehe." Der Rabe nickte nur wohlgefällig.

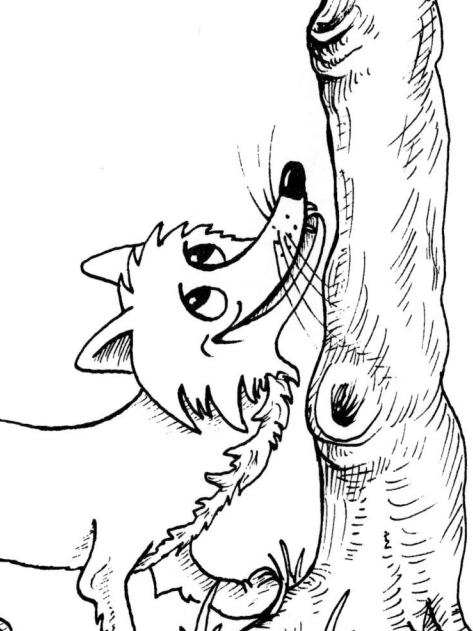

Der Fuchs redete weiter: „Du wirst es mir nicht glauben, doch ich suche seit gestern überall nach dir. Vor kurzem habe ich dich singen gehört und ich muss sagen: Bravo! Bravissimo! Fabelhaft! Im ganzen Wald, lieber Rabe, kenne ich keinen einzigen Vogel, der eine so herrliche Stimme hat wie du. Bei dir stimmt einfach alles - alles ist perfekt! Die tiefen Töne ebenso wie das hohe C. Ich sage dir, Rabe, glaube es mir: Wenn du singst, schweigt der ganze Wald, sogar der Wind bleibt stehen! Selbst die Nachtigall verstummt verschämt. Wie machst du das - du großer Sänger? Bei wem hast du Singen gelernt? Du schweigst? Warum? Kannst du mir das Lied noch einmal vorsingen, das du gestern gesungen hast? Bitte sei so nett!"

„Welches Lied habe ich denn gestern gesungen?", fragte der Rabe und öffnete dabei natürlich seinen Schnabel. Das Stück Käse fiel zu Boden, direkt vor die Füße des Fuchses, der mit dem Käse verschwand.

D	**Name:** _____	**Klasse:** ____	**Datum:** _____	**Nr.** ____

1. Bist du ein Quiz-Genie? Kreuze die richtigen Antworten an.

Riesen - Raben - Rätsel

a) Der Rabe hatte ein großes Stück Käse gestohlen.

O Er versteckte den Käse in einer Baumhöhle im Wald.   A

O Mit dem Käse flog er auf einen nahe liegenden Baum.   S

b) Warum wollte der Fuchs den Käse eigentlich haben?

O Der Fuchs hatte großen Appetit, wollte den Käse verspeisen.   Ä

O Der Fuchs mag in Wirklichkeit keinen Käse.   M

c) Warum schnappte der Fuchs dem Raben den Käse nicht weg?

O Der Fuchs war zu faul, auf den Baum zu springen.   E

O Der Rabe saß auf einem hoch gelegenen Ast eines Baumes.   N

d) Wie versuchte der Fuchs, an den begehrten Käse zu kommen?

O Der Fuchs lobte den Raben, bat ihn um ein Stück Käse.   R

O „Wollen wir um den Käse wetten?", schlug der Fuchs vor.   T

O Der Fuchs wollte mit einer List den Raben zum Singen bringen.   G

e) Meinte es der Fuchs ehrlich, als er dem Raben schmeichelte?

O Ja: Der Fuchs lobte den Raben über alles.   U

O Nein: Er wollte den Raben nur zum Singen bringen, um ihn dann

     später auslachen zu können.   W

O Nein: Der Fuchs wollte nur, dass der Rabe seinen Schnabel weit aufreißt,

     damit er den Käse fallen lässt.   E

f) Wie wird der Fuchs zum Schluss wohl reagieren?

O Er fraß den Käse auf und lachte über den dummen Raben.   R

O „Lieber Rabe! Flieg runter vom Ast, wir wollen den Käse friedlich teilen",

     rief der Fuchs.   H

Lösung: Der Rabe ist ein „großer" __ __ __ __ __ __ .

2. Ergänze den **Lückentext**: Der Fuchs beschwor den Raben. Glaube es mir:

„Wenn du singst, schweigt der _____ _____,

         sogar der _____ _____ _____,

         selbst die _____ _____ _____."

3. Der schlaue Fuchs dachte sich eine **List** aus, um an den Käse zu kommen. (**?**)
Beschreibe sie ausführlich.

_____

_____

_____

_____

| **D** | **Name:** _____ | **Klasse:** ____ | **Datum:** _____ | **Nr.** ____ |

4. Im Laufe der Geschichte haben sich die Situationen für Rabe und Fuchs geändert, man sagt **gewendet**. Ordne die folgenden Wörter richtig ins Schaubild ein:

Fuchs mit Käse - Rabe ohne Käse - Fuchs ohne Käse - Rabe mit Käse

Am Anfang der Geschichte: Am Schluss der Geschichte:

_____   _____   _____   _____

WP

_____   _____   _____   _____

Du siehst: Der Handlungsablauf hat sich gedreht oder **gewendet**. Die Fabel hat deshalb einen **Wendepunkt**.

• Der anfangs hungrige Fuchs hat später den Käse.

• Der Rabe hat zuerst den Käse, später keinen mehr.

Merke!

5. Überlege: **Wie ist es dazu gekommen?**

Warum verlor der Rabe den Käse?   Warum bekam der Fuchs den Käse?

_____   _____

_____   _____

_____   _____

6. Welche **Eigenschaften** treffen auf die beiden Tiere zu?

a) Der **Rabe** ist: O eitel   O gerissen   O dumm   O geschmeichelt

O vorausschauend   O wohlgefällig   O einfältig

b) Der **Fuchs** ist: O höflich   O schlau   O ehrlich   O hinterlistig

O dumm   O berechnend   O kurzsichtig   O unklug

7. Welche Sätze geben die **Lehre** der **Fabel** wieder?

a   O   Schmeichlern sollte man nicht glauben, sie sind oft unehrlich.

b   O   Jeder Mensch wird durch eine List hereingelegt.

c   O   Glaube nicht alles, was gesagt wird, ohne darüber nachzudenken.

D | **Name:** _____ | **Klasse:** ____ | **Datum:** _____ | **Nr.** ____

8. Schreibe eine **Fabel** zu der **Bilderfolge**. Denke dir einen passenden Schluss aus und zeichne ein Bild dazu.

Der Rabe und der Fuchs

| **D** | **Name:** _____ | **Klasse:** ____ | **Datum:** _____ | **Nr.** ____ |

Die Stadtmaus und die Feldmaus
nach Martin Luther

Eine Stadtmaus ging spazieren und traf eine Feldmaus vor ihrem Loch. „Komm herein und lass es dir schmecken!", sagte die Feldmaus und holte alles, was sie hatte – Eicheln, Gerstenkörner und Nüsse. „Du hast aber wenig", sagte die Stadtmaus. „Willst du so gut leben wie ich? Dann komm mit in die Stadt! Da kannst du alle Tage essen, worauf du gerade Lust hast." Die Stadtmaus wohnte in einem schönen Haus und sie gingen gleich in die Speisekammer. Die war gefüllt mit Brot und Fleisch, mit Würsten und Käse – mit lauter leckeren Sachen.

„Guten Appetit", sagte die Stadtmaus, „und viel Vergnügen! So ein herrliches Leben habe ich immer." Da kamen Schritte und die Tür ging auf. Die Mäuse ließen alles stehen und liegen. Die Stadtmaus flüchtete in ihr Loch. Aber die Feldmaus wusste nicht wohin, sie lief die Wand hinauf und hinunter und dachte, jetzt ist es aus.

Als der Mensch wieder fort war, sagte die Stadtmaus: „Glück gehabt! Jetzt wird gefeiert."

Die Feldmaus antwortete: „Du hast gut reden. Du hast gewusst, wo ein Loch ist, aber ich bin vor Angst fast gestorben. Da weiß ich was Besseres: Du bleibst bei deinen Würsten und deinem Speck. Ich gehe nach Hause und esse weiter meine Eicheln. Du bist keinen Augenblick sicher vor den Menschen, vor den Katzen, vor den Mausefallen überall. Das ganze Haus ist dein Feind. Ich aber bin frei in meinem Loch auf dem Feld."

1. Von der Maus hast du schon etwas im Unterricht gelernt.

_____

_____

_____

2. Du weißt bestimmt, warum die eine Maus **Stadtmaus** und die andere **Feldmaus** heißt.

● _____

● _____

| **D** | **Name:** _____ | **Klasse:** ____ | **Datum:** _____ | **Nr.** ____ |

3. Kreuze an, was die Feldmaus ihrem Gast zum Fressen anbietet.

O Gräser   O Eicheln   O Wurzeln   O Gerstenkörner   O Nüsse

4. Du weißt, warum die Stadtmaus die Feldmaus in die Stadt einlädt.

_____

_____

5. Die Speisekammer in dem schönen Stadthaus ist gefüllt mit lauter leckeren Sachen. Kreuze sie an.

O Mehl   O Brot   O Äpfel   O Fleisch   O Würste   O Salat   O Käse

6. „Guten Appetit", wünschte die Stadtmaus der Feldmaus.

Da kamen Schritte ...

Schreibe auf, wie es den beiden Mäusen erging.

_____

_____

_____

_____

7. Als der Mensch wieder fort war, sagte die Stadtmaus:

Glück gehabt! Jetzt wird gefeiert!

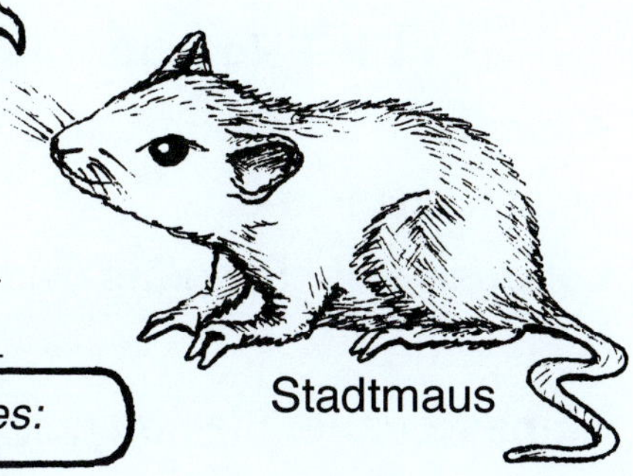

Der Feldmaus war aber nicht nach Feiern zu Mute.

Sie beschwerte sich sogar:

„Du hast gewusst, _____

_____

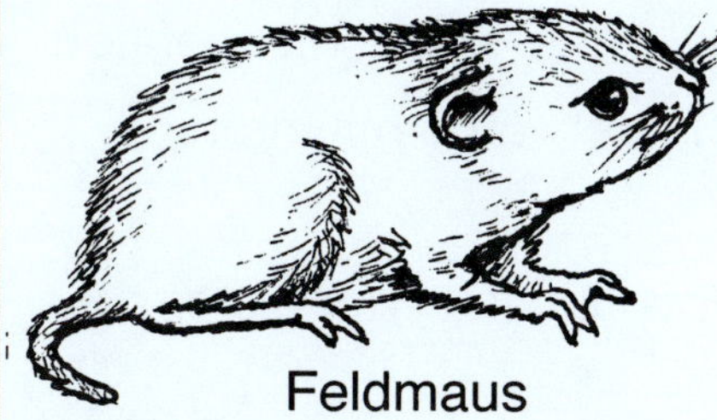

Stadtmaus

Da weiß ich was Besseres:

„Du bleibst _____

_____

Ich gehe _____

_____

Feldmaus

Du bist nicht sicher vor den _____, _____, _____."

8. Vergleiche einmal das Leben einer **Feldmaus** mit dem Leben einer **Stadtmaus**. Du kannst dann sicher den folgenden **Lückentext** ergänzen. Trage diese Wörter ein:

reich - sicher - arm - gefährlich

Die Feldmaus lebt lieber _____, aber _____.

Die Stadtmaus ist _____, lebt aber _____.

D **Name:** _____ **Klasse:** ____ **Datum:** _____ **Nr.** ____

9. Betrachte das **Schaubild**. Wie leben die Mäuse in ihren Wohnungen weiterhin?
Schreibe passende Eigenschaftswörter auf die Leerzeilen.

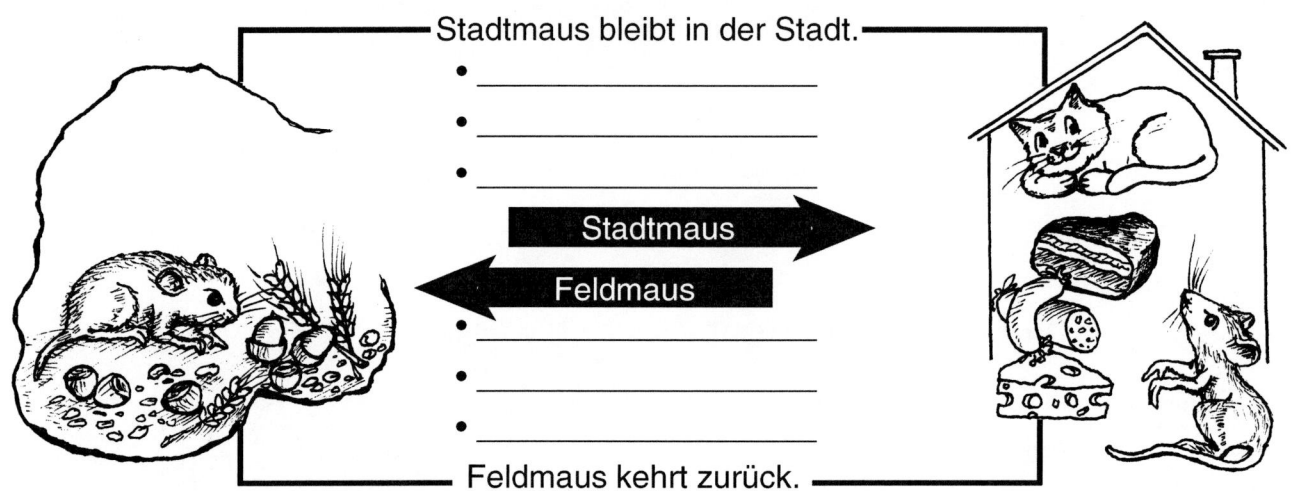

Stadtmaus bleibt in der Stadt.

- _____
- _____
- _____

Stadtmaus →
← Feldmaus

- _____
- _____
- _____

Feldmaus kehrt zurück.

10. Eine Fabel wird vom Erzähler geschrieben, um den Menschen etwas zu sagen. Kreuze
den Satz an, der die **Lehre** der **Fabel** wiedergibt.

O Lieber ein bescheidenes Leben in Sicherheit führen als ein angenehmes Leben mit
Gefahren verbringen.

O Ein kurzes, reiches und gefährliches Leben ist immer noch besser als ein langes, ruhiges und sicheres Leben.

11. Lerne die **Unterschiede** der beiden **Mäusearten** kennen.

Die Feldmaus	Die Stadtmaus
Aussehen: dickes Fell, 10 cm lang, graubraune Farbe	feines Fell, 8 cm lang, weißgraue Farbe
Lebensweise: Sie gräbt Gänge und Bau in die Erde.	Sie lebt in Gebäuden, Ställen und Vorratskammern.
Sinnesorgane: Sie hört gut, sieht von Weitem gut, in der Nähe unscharf; ertastet alles mit Tasthaaren.	Sie hört gut, sieht aber schlecht; orientiert sich dafür gut in der Nähe mit ihren Tasthaaren.
Nachwuchs: zahlreich; siebenmal im Jahr vier bis zwölf Junge	zahlreich; fünfmal im Jahr vier bis sechs Junge
Feinde: Raubtiere wie Fuchs, Marder, Mäusebussard, Eule	Hauskatzen; Menschen stellen Fallen, streuen Gift
Schwanz: Als Wühlmaus hat sie einen kurzen Schwanz, der beim Graben nicht hinderlich ist.	Ihr Schwanz ist noch einmal so lang wie ihr Körper. Sie benutzt ihn als Kletterhilfe.
Ernährung: Samen, Körner, Wurzeln, Nüsse	Brot, Käse, Mehl, Obst, Wurst, Allesfresser

D | **Name:** _____ | **Klasse:** ____ | **Datum:** _____ | **Nr.** ____

12. Schreibe mithilfe der Steckbriefe von Feldmaus und Stadtmaus eine **Niederschrift** über die Mäuse. Male die Bilder farbig aus.

Die Feldmaus

Die Stadtmaus

| **D** | Name: _____ | Klasse: ____ | Datum: _____ | Nr. ____ |

Der Hase und die Schildkröte
Äsop

1   Ein Hase rühmte sich überall seiner Schnelligkeit und verspottete eine

2   Schildkröte ob ihrer Langsamkeit. Eines Tages sagte die Schildkröte zum

3   Hasen: „Du magst getrost über mich lachen. Aber wenn es hart auf hart

4   ginge und wir uns in einem Wettrennen messen würden, würde ich dich

5   besiegen." – „Ganz bestimmt!", meinte der Hase ironisch. „Wir werden es

6   erleben", sagte die Schildkröte. „Bist du bereit?"

7   Sie starteten und der Hase lief natürlich viel schneller als die Schildkrö-

8   te, die nur langsam von der Stelle kam.

9   Der Hase hatte einen so großen Vorsprung, dass er die ganze Sache

10 nicht ernst nahm und sich ins Gras legte. „Ich will ein kleines Schläfchen

11 halten", sagte er zu sich, „und wenn ich aufwache, werde ich das

12 Wettrennen immer noch mit großem Vorsprung gewinnen."

13 Das Unglück wollte, dass er sich verschlief, und als er am Ziel anlangte,

14 war eben die Schildkröte durchs Ziel gegangen, die sich pausenlos

15 vorwärts gearbeitet und so den Wettlauf gewonnen hatte.

16   Nicht jeder Schnelle kriegt den Preis,

17   oft kriegt ihn Stetigkeit und Fleiß.

1. Der Hase gilt bekanntlich als schnelles Tier, die Schildkröte dagegen als langsames. Finde die beiden fehlenden Wörter heraus.

Ein Hase rühmte sich wegen seiner __ __ __ __ __ __ __ __ __ __ __ __ __ und verspottete die Schildkröte wegen ihrer __ __ __ __ __ __ __ __ __ __ __ .

2. Wenn es nur auf die Schnelligkeit angekommen wäre, hätte der Hase doch gewinnen müssen! Warum hat er trotzdem den Wettlauf verloren?

_____

_____

3. Finde im Text den Grund heraus, warum die langsame Schildkröte dennoch den Wettlauf gewonnen hat.

_____

4. Wie kommt der Hase dazu, während des Wettkampfes einfach ein Schläfchen einzulegen? (ab Zeile 9)

_____

_____

D Name: _____ Klasse: ____ Datum: _____ Nr. ____

5. Die Ursache, warum der schnelle Hase das Wettrennen gegen die langsame Schildkröte verloren hat, liegt darin, dass die beiden Tiere verschiedene **Eigenschaften** haben. Kreuze die richtigen an.

Der Hase
O nimmt Sache nicht ernst
O läuft unentwegt
O fühlt sich zu überlegen
O gibt sich große Mühe
O ist sorglos, unbekümmert
O glaubt, immer zu gewinnen
O ist allzu siegessicher

Die Schildkröte
O läuft pausenlos
O strengt sich an
O ist leichtsinnig
O ist ausdauernd

6. Kreuze die Sätze an, welche die **Lehre** der **Fabel** wiedergeben.

a O Der Schnelle hat im Leben oft einen Vorteil, aber manchmal erhält der Langsame einen Preis, wenn er sich ständig anstrengt.

b O Der Schnelle gewinnt immer, auch wenn er sorglos ist.

c O Der Unterlegene siegt, weil der Überlegene zu leichtsinnig ist.

7. Schreibe selbst anhand des Bildes eine **Fabel** auf. Lasse die Tiere sprechen. Welche Lebensweisheit (Lehre) hat deine Geschichte?

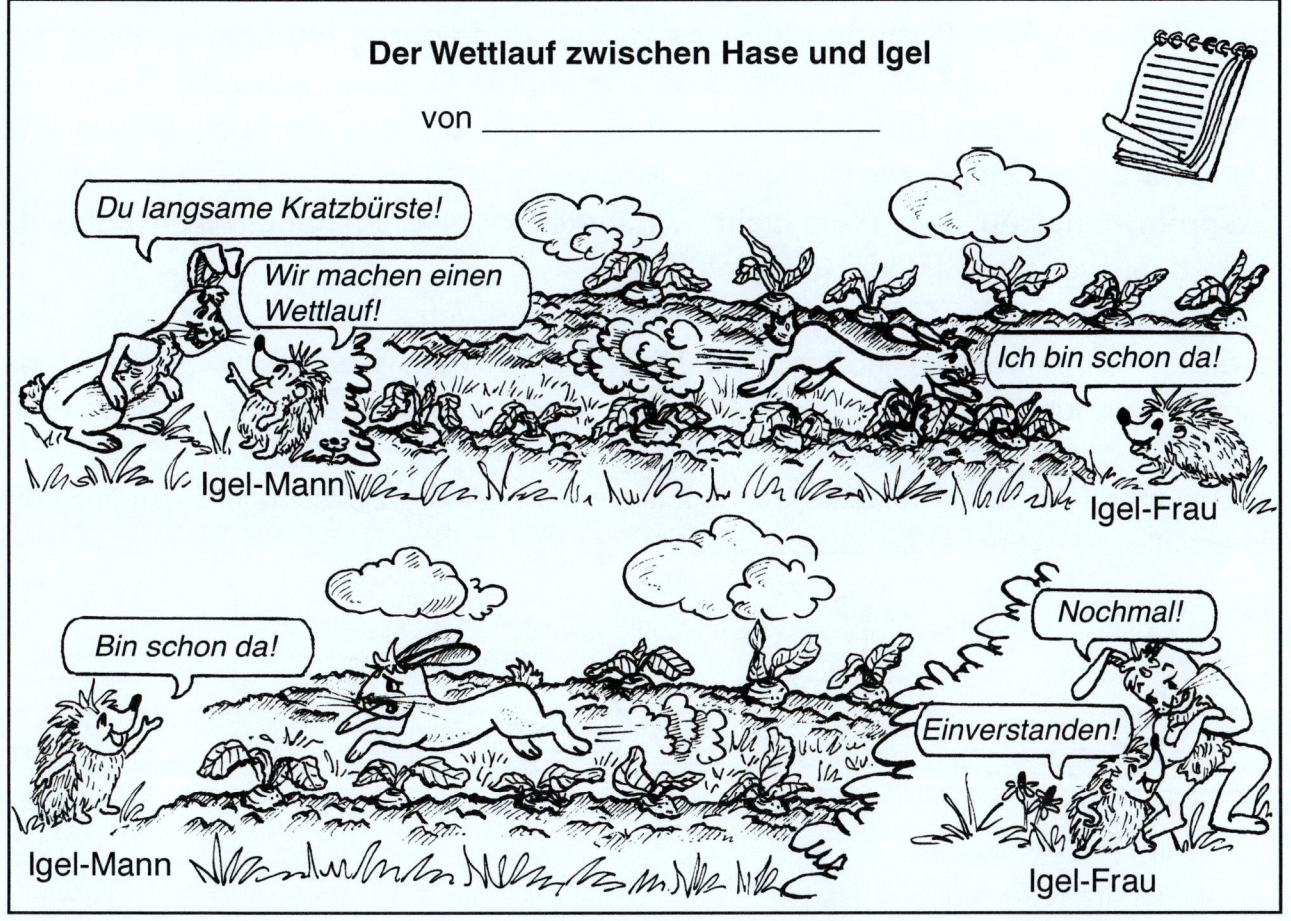

| **D** | Name: _____ | Klasse: ____ | Datum: _____ | Nr. ____ |

Der Fuchs und der Ziegenbock

Äsop

Ein Fuchs, der in einen Brunnen gefallen war, mochte sich noch so sehr bemühen und noch so hoch springen, er konnte sich nicht aus seinem Gefängnis befreien.

Nach einiger Zeit kam ein Ziegenbock zum Brunnen und sah den Fuchs unten hocken. „Ist das Wasser gut?", fragte der Ziegenbock den Gefangenen. Der Fuchs spitzte die Ohren und ließ sich nichts von seiner Verlegenheit anmerken. „Ah, Ziegenbock", rief er mit seiner sanftesten Stimme, „das Wasser ist frisch und kalt. Komm zu mir und versuche es!"

Der Ziegenbock zögerte nicht lange und sprang zu dem Fuchs hinunter. Das Wasser war, wie der Fuchs gesagt hatte, frisch und kalt, aber nachdem der Ziegenbock getrunken hatte, wusste er nicht, wie er wieder aus dem Brunnen herauskommen sollte.

„Lass mich nur machen", befahl der Fuchs. „Stemme dich mit deinen Vorderbeinen gegen die Mauer und mache deinen Hals recht lang. Ich klettere über deinen Rücken und über deine Hörner hinauf, und wenn ich oben bin, werde ich dir helfen."

Der Ziegenbock richtete sich auf, stemmte seine Vorderbeine gegen die Mauer und reckte den Hals in die Höhe. Der Fuchs hüpfte auf den Rücken des Ziegenbockes, kletterte auf seine Hörner und sprang mit einem mächtigen Satz über den Rand des Brunnens. Als er selbst in Sicherheit war, dachte er nicht daran, seinem Gefährten zu helfen. Er lief um den Brunnen herum und verhöhnte den Ziegenbock.

„Warum hältst du dein Wort nicht?", jammerte der Ziegenbock. „Ich habe dir geholfen, warum hilfst du mir nicht!"

„Ziegenbock, alter Ziegenbock", spottete der Fuchs, „wenn du so viel Verstand in deinem Kopf hättest wie Haare in deinem Bart, dann würdest du nirgends hinunterspringen, bevor du nicht weißt, wie du wieder herauskommst!"

1. Den **Inhalt** der **Geschichte** kannst du mithilfe der Bilder kurz beschreiben. Ergänze die Leerstellen. (**F** = **F**uchs, **Z** = **Z**iegenbock)

F im Brunnen   _____   _____

Z ist draußen   _____   _____

D	Name: _____	Klasse: ____	Datum: _____	Nr. ____

2. Vergleiche einmal **Bild 1** mit **Bild 3**. Was fällt dir dabei auf?

Trage die Wörter ins Schaubild ein: gefangen - frei - gefangen - frei.

Zu **Beginn** der Geschichte: Zum **Schluss** der Fabel:

 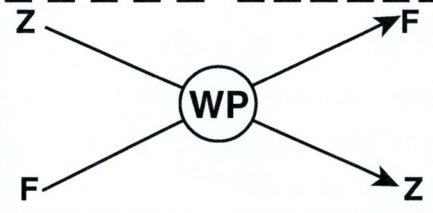 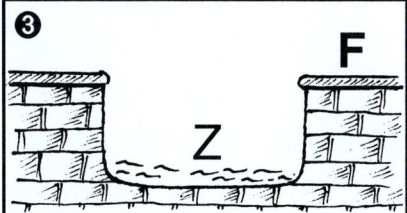

Du siehst: Die Handlung der Geschichte hat sich gewendet. Die Fabel hat einen
Wendepunkt.

- Der anfangs freie Ziegenbock ist später gefangen.
- Der anfänglich gefangene Fuchs ist zum Schluss frei.

3. Womit lockte der Fuchs den Ziegenbock in den Brunnen? Welche List wandte er dabei an?

_____

_____

4. Was hatte deiner Meinung nach der Ziegenbock falsch gemacht, als er ins Wasser sprang?

_____

_____

5. Welche neue List dachte sich der Fuchs aus? Fiel der Ziegenbock auf diese List herein?

_____

_____

6. Worüber beschwerte sich der Ziegenbock? Der Fuchs gab dem Ziegenbock einen Rat. Welchen?

_____

_____

7. Kreuze an, welche **Eigenschaften** auf die beiden Tiere zutreffen.

Der **Fuchs** ist   O hinterlistig   O hilfsbereit   O gerissen   O schlau

Der **Ziegenbock** ist   O dumm   O gutmütig   O gemein   O einfältig

Merke:
Es gibt Menschen, die auf Kosten anderer weiterkommen.
Also: Erst **denken**, dann **handeln**!

| **D** | Name: _____ | Klasse: ____ | Datum: _____ | Nr. ____ |

Der Müller und sein Sohn
Frans Haacken

Was die Leute dachten:

1 Ein Müller ging mit seinem Sohn in die Stadt, um den
2 Esel zu verkaufen. Mit dem Geld wollten der Müller und
3 sein Sohn eine schöne Reise machen. Sie trugen den
4 Esel, damit er nicht müde würde und auf dem Markt
5 schön frisch zum Verkauf stünde.

6 „Wie seid ihr dumm!", sagten die Leute. „Statt zu reiten,   *„So was Doofes!"*
7 lauft ihr und tragt gar noch den Esel!" Der Müller und
8 sein Sohn stellten den Esel auf seine Beine. Der Müller
9 saß auf und der Sohn lief hinterher.

10 „Ja, gibt es so was!", sagten die Leute. „Statt das arme,   *„Das gibt es doch nicht!"*
11 schwache Kind reiten zu lassen, sitzt der kräftige Mann
12 auf dem Esel!" Der Müller stieg ab. Er setzte den Sohn
13 auf den Esel und marschierte hinterher.

14 „Das ist doch die Höhe!", sagten die Leute. „Da reitet   *„Der Junge spinnt wohl!"*
15 das junge Bürschchen und der alte Mann muss laufen."
16 Da setzte der Müller sich hinter seinem Sohn auf den
17 Esel.

18 „Man sollte euch", sagten die Leute, „beide herunterprü-   *„Euch beide sollte man vermöbeln!"*
19 geln! Zwei Leute auf einem armen schwachen Esel!" Der
20 Müller und sein Sohn stiegen ab und trieben den Esel
21 vor sich hin.

22 „Ist das die Möglichkeit!", sagten die Leute. „Die beiden   *„Das glaubt man kaum!"*
23 Dummen laufen und haben doch einen Esel, auf dem sie
24 reiten könnten!"

25 Der Müller und sein Sohn setzten sich auf eine Bank und
26 überlegten, wie sie es wohl richtig machen könnten.

Den Leuten kann man nichts recht machen.

Was sollen wir tun?

D	**Name:** _____	**Klasse:** ____	**Datum:** _____	**Nr.** ____

1. Warum wollte der Müller seinen Esel auf dem Markt verkaufen?

_____

2. Zunächst trug der Müller mit seinem Sohn den Esel. Wieso kamen sie auf diese **seltsame** Idee? Kreuze an.

O Der Esel sollte auf dem Markt nicht müde und erschöpft wirken.

O Ein Esel kann längere Zeit nicht zu Fuß gehen.

3. Auf ihrem Weg von der Mühle zum Markt begegnen dem Müller und seinem Sohn viele Leute, die sich **unterschiedlich** beschweren. Ergänze.

Vater und Sohn tragen den Esel. Die Leute sagen:

_____

_____

Vater reitet, Sohn geht hinterher. Die Leute sagen:

_____

_____

Sohn reitet, Vater geht hinterher. Die Leute sagen:

_____

_____

Vater und Sohn reiten. Die Leute sagen:

_____

_____

Vater und Sohn gehen zu Fuß. Die Leute sagen:

_____

_____

4. Vater und Sohn treffen auf ihrem Weg zum Markt immer wieder auf **andere** Leute. Schreibe die **Eigenschaften** dieser Leute folgerichtig auf.

kinderlieb - Menschenverstand - Alter - Rat - Tierfreur

① Die Leute haben gesunden _____

② Die Leute sind _____.

③ Die Leute achten das _____.

④ Die Leute sind _____.

⑤ Die Leute geben Dummen einen _____.

So was Doofes!

D **Name:** _____ **Klasse:** ____ **Datum:** _____ **Nr.** ____

5. Lies im Text nach. Haben der Müller und sein Sohn immer auch das getan, was die Leute von ihnen verlangt haben?

O ja   O nein

Merke!

Wir halten fest:

Vater und Sohn wollen es allen Leuten recht machen. Nun wissen sie nicht, was sie tun sollen.

6. Die Leute haben eine vernünftige Meinung, oder?

Wie ...?

Was ...?

Trotzdem müssen Vater und Sohn etwas **falsch** gemacht haben. Sonst würden sie jetzt nicht auf der Bank sitzen und nicht wissen, wie sie es wohl richtig machen könnten.

Gib dem Müller und seinem Sohn **Ratschläge**, wie sie ihren Esel frisch und munter auf den Markt bringen könnten und was sie sagen sollen, wenn sich Leute beschweren.

_____

_____

_____

_____

_____

_____

7. Welche **Eigenschaften** würdest du deshalb **Vater** und **Sohn** zuschreiben.
Kreuze die zutreffenden Eigenschaftswörter an.

O einfältig   O schlau   O seltsam   O gerissen   O nachgiebig

O klug   O leicht beeinflussbar   O weise   O unvernünftig

8. Ein **Schwank** ist eine lustige und witzige Erzählung, in der seltsame und komische Ereignisse beschrieben werden. Der Autor will dir mit diesem Schwank etwas sagen.
Kreuze die Sätze und Sprichwörter an, die den **Sinn** der **Geschichte** wiedergeben.

a O Allen Leuten recht getan, ist eine Kunst, die niemand kann.

b O Man muss immer das tun, was andere Menschen sagen.

c O Man soll nicht immer nur auf die anderen hören, selber nachdenken.

d O So weit kann's kommen, wenn man es allen Leuten recht machen will.

| **D** | **Name:** _____ | **Klasse:** ____ | **Datum:** _____ | **Nr.** ____ |

Da du die Geschichte vom Müller und seinen Sohn gut kennst, wird es dir sicher nicht mehr schwerfallen, eine Nacherzählung darüber zu schreiben. Doch zuvor wirst du die Regeln für die wörtliche Rede kennen lernen, weil in der Geschichte viele Personen sprechen.

Satzzeichen bei der wörtlichen Rede

1. Steht der Begleitsatz vor der wörtlichen Rede, so setzt man danach einen Doppelpunkt und schreibt groß weiter.

Vor der wörtlichen Rede stehen die Anführungszeichen **unten**, **am Ende** der wörtlichen Rede stehen sie **oben**.

Beispiel: Die Leute sagten: „Wie seid ihr dumm!"

2. Steht der Begleitsatz am Ende, setzt man nach der wörtlichen Rede auf **jeden** Fall ein Komma.

Beispiel: „Wie seid ihr dumm!", sagten die Leute.

3. Der Begleitsatz kann auch in der Mitte stehen.

    „Wie seid ihr dumm", sagten die Leute, „statt zu reiten, lauft ihr."

    oder:

    „Wie seid ihr dumm!", sagten die Leute. „Statt zu reiten, lauft ihr."

9. Setze in den Text die fehlenden **Satzzeichen** richtig ein.

- Die Leute sagten   Ja gibt es so was
- Ja gibt es so was   sagten die Leute
- Ja gibt es so was   sagten die Leute lass das schwache Kind reiten

  oder:

- Ja gibt es so was   sagten die Leute Lass das schwache Kind reiten

10. Schreibe nun die **Nacherzählung** auf deinen Block.

Erzähle die Geschichte anhand der Bilder, dann vergisst du auch keinen Erzählschritt. Verwende die wörtliche Rede in der richtigen Form.

Der Müller und sein Sohn

von _____

Ein Müller war mit seinem Sohn auf dem Weg in die Stadt. ...

Denke dir einen passenden Schluss aus.

D Name: _____	Klasse: ____	Datum: _____	Nr. ____

Swimmy
Leo Lionni

Irgendwo in einer Ecke des Meeres lebte einmal ein Schwarm kleiner, aber glücklicher Fische. Sie waren alle rot. Nur einer von ihnen war schwarz. Schwarz wie die Schale der Miesmuschel. Aber nicht nur in der Farbe unterschied er sich von seinen Schwestern und Brüdern. Er schwamm auch schneller. Sein Name war Swimmy.

Eines schlimmen Tages kam ein Thunfisch in diese Ecke des Wassers gebraust, ein schneller, grimmiger, überaus hungriger Bursche. Der verschlang alle kleinen roten Fische mit einem einzigen Maulaufreißen. Nur ein Fisch entkam ihm. Das war Swimmy. Erschrocken, traurig und einsam wedelte der kleine Swimmy hinaus ins große, große Meer. Nun ist das Meer aber voller wunderbarer Geschöpfe, die Swimmy in seiner heimatlichen Meeresecke nie gesehen hatte. Als der große Ozean ihm Wunder um Wunder vorführte, wurde er bald wieder so munter wie ein Fisch im Wasser.

Zuerst sah Swimmy die Meduse, die Qualle. Er fand sie wunderbar. Sie sah aus, als wäre sie aus Glas und schillerte in allen Farben des Regenbogens. Dann sah Swimmy eine Art lebenden Schaufelbagger. Das war der Hummer. Gleich darauf schwammen sehr seltsame Fische an ihm vorbei, leise und gleichmäßig, als ob sie von unsichtbaren Fäden gezogen würden. Dem kleinen munteren Swimmy waren sie ein bisschen unheimlich.

Bald aber war Swimmy wieder heiter. Er durchschwamm einen prächtigen Märchenwald. Einen Wald aus Meeresalgen, die auf bonbonbunten Felsen wuchsen. Swimmy kam aus dem Staunen nicht heraus. Jetzt nämlich begegnete er einem Aal, der ihm unendlich lang erschien. Als Swimmy endlich wild wedelnd am Kopf des Aales angekommen war, konnte er sich schon nicht mehr an die Schwanzspitze erinnern. Ein Wunder schloss sich ans andere an. Das nächste waren die See-Anemonen. Sie schwangen in der Strömung sanft hin und her, wie rosa Palmen, vom Wind bewegt.

Dann jedoch glaubte Swimmy seinen Augen nicht zu trauen. Er sah einen Schwarm kleiner roter Fische. Hätte er nicht gewusst, dass sein eigener Schwarm verschlungen und verschwunden war: Er hätte die Fische für seine Schwestern und Brüder gehalten. „Kommt mit ins große Meer!", rief er ihnen munter zu. „Ich will euch viele Wunder zeigen!" „Geht nicht", antworteten die kleinen roten Fische ängstlich. „Dort würden uns die großen Fische fressen! Wir müssen uns im sicheren Felsenschatten halten." Swimmy fand es traurig, dass der Schwarm sich nie hinaus ins offene Meer trauen durfte. „Da muss man sich etwas ausdenken!", dachte er. Und er dachte nach. ...

| **D** | **Name:** _____ | **Klasse:** _____ | **Datum:** _____ | **Nr.** _____ |

1. Swimmy unterschied sich von den kleinen roten Fischen. Warum entkam er vermutlich dem räuberischen Thunfisch?

_____

2. Der große Ozean führte Swimmy Wunder vor. Finde sie heraus.

Unterwasserrätsel

Die _____ : • durchscheinend wie Glas

                              • schillert in Regenbogenfarben

Der _____ : • schaut aus wie ein lebender

                              Schaufelbagger

Die _____ : • schwimmen, wie von un-

                              sichtbaren Fäden gezogen

_____ : • wachsen auf bonbonbunten

                              Felsen

Der _____ : • erscheint unendlich lang

_____ : • schwingen wie Palmen im Wind

3. Zeichne diese **Wunder** farbig ins Unterwasserbild ein.

4. Schreibe auf dem Block auf, was sich Swimmy ausgedacht haben könnte, um die verängstigten kleinen roten Fische ins Meer zu locken.

Swimmy dachte nach. ... Fahre fort!

D | Name: _____ | Klasse: ____ | Datum: _____ | Nr. ____

Swimmy überlegte und überlegte. Und endlich hatte er einen Einfall. „Ich hab's!", rief er fröhlich. „Lasst uns etwas ausprobieren!" Da Swimmy den kleinen roten Fischen gefiel, befolgten sie seinen Anweisungen: Sie bildeten einen Schwarm in einer ganz bestimmten Form. Jedes Fischchen bekam darin seinen Platz zugewiesen.

Als der Schwarm diese bestimmte Form angenommen hatte, da war aus vielen kleinen roten Fischen ein großer Fisch geworden, ein Fisch aus Fischen, ein Riesenfisch. Es fehlte dem Fisch nur das Auge. Also sagte Swimmy: „Ich spiele das Auge!" Dann schwamm er als kleines schwarzes Auge im Schwarm mit.

Jetzt traute der Schwarm sich endlich hinaus ins offene Meer, hinaus in die große Welt der Wunder. Niemand wagte mehr, sie zu belästigen. Im Gegenteil: Selbst die größten Fische nahmen vor dem Schwarm Reißaus. Und so schwimmen viele kleine rote Fische, getarnt als Riesenfisch, immer noch glücklich durch das Meer, und Swimmy fühlt sich in seiner Rolle als wachsames Auge sehr, sehr wohl.

5. Male die Fische mit **roter** bzw. **schwarzer** Farbe richtig aus.

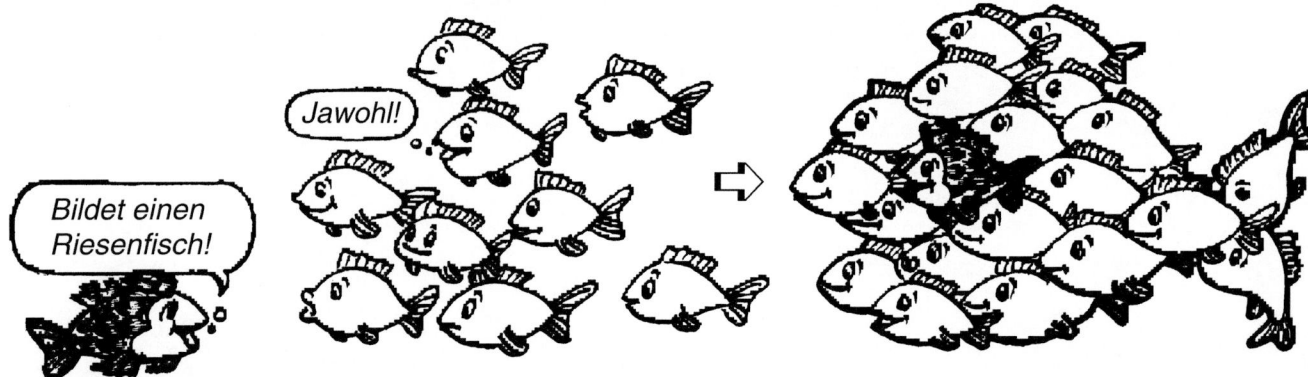

6. Du kannst jetzt die tolle **Idee** beschreiben, die Swimmy hatte.

_____

_____

7. Warum wollte Swimmy eigentlich, dass die kleinen roten Fische mit ihm ins große Meer schwimmen?

_____

8. Wie fühlten sich die kleinen Fische? Trage die Eigenschaftswörter sinnvoll ein:

furchtsam - glücklich - ängstlich - sicher

a) Fische, **einzeln** im lockeren   b) Fische, **gemeinsam** mit Swimmy

Schwarm schwimmend: als Riesenfisch schwimmend:

_____ – _____   _____ – _____

D Name: _____	Klasse: ____	Datum: _____	Nr. ____

9. Schreibe auf, warum zum Schluss die kleinen roten Fische glücklich durch das Meer schwimmen können und warum sich Swimmy als wachsames Auge im Riesenfisch sehr wohl fühlt.

_____

_____

10. Die Geschichte trifft auch ein wenig auf **Menschen** zu. Kreuze an, was der Autor dir mit diesem Tiermärchen sagen will.

a ○ Wenn du mit Freunden etwas gemeinsam tust, gelingt es besser.

b ○ Freunde muss ich nicht unbedingt haben, ich kann auch alleine leben.

c ○ Zusammen mit meinen Freunden kann ich viel erleben.

11. Schreibe eine ähnliche **Geschichte**, die von Menschen handelt.

Jemand kommt und gibt einer verängstigten Gruppe einen guten Rat. Der Rat wird befolgt. Nun fühlen sich alle Mitglieder der Gruppe stärker, weil sie gemeinsam mehr Erfolg haben.

Gemeinsam sind wir stark

Wenn dir zu diesem Thema nichts einfällt, dann schreibe eine **Rundum- Geschichte** mithilfe folgender Stichpunkte.

Start: ➡ Hochhaus - Hausmeister - große Wiese - Spielverbot ↘

traurige, verängstigte Kinder - Jimmy zieht ein

Jimmy

_____

_____

_____

_____

_____

_____

_____

_____

_____

Spielerlaubnis - gemeinsam viel erreicht -

↙ Versprechen ⬅ Brief an Hausbesitzer ⬅ Jimmy ermuntert Kinder ↘

D	Name: _____	Klasse: ____	Datum: _____	Nr. ____

Jorinde und Joringel
Gebrüder Grimm

Es war einmal ein altes Schloss mitten in einem großen dichten Wald. Darin wohnte eine alte Frau, die war eine Erzzauberin. Am Tage machte sie sich zur Katze oder zur Nachteule, abends wurde sie wieder Mensch. Wenn jemand auf hundert Schritt dem Schloss nahe kam, konnte er sich nicht von der Stelle bewegen, bis die Erzzauberin ihn lossprach. Wenn aber ein Mädchen in ihren Zauberkreis kam, verwandelte sie es in einen Vogel. Den sperrte sie dann in einen Korb ein und trug den Korb in eine Kammer des Schlosses. Sie hatte schon siebentausend solcher Körbe mit verzauberten Mädchen dort.

Nun war einmal eine junge Frau, die hieß Jorinde. Sie hatte einen Burschen lieb, der hieß Joringel. Die beiden waren in den Brauttagen und gingen einmal in den Wald spazieren. „Hüte dich", sagte Joringel, „dass du nicht zu nahe ans Schloss kommst."

Es war ein schöner Abend. Die Sonne stand noch halb über dem Berg und halb war sie schon untergegangen. Beide sahen sich um und wussten auf einmal gar nicht, wo sie waren und wie sie wieder nach Hause kommen sollten. Joringel sah durchs Gebüsch und da war die alte Mauer des Schlosses ganz nah. Joringel erschrak fast zu Tode.

Zicküth

Jorinde begann zu singen:

„Mein Vöglein mit den Ringlein rot
singt Leide, Leide, Leide:
Es singt dem Täubelein seinen Tod,
singt Leide, Lei - zicküth, zicküth, zicküth."

Und wie sie sang, war sie plötzlich in eine Nachtigall verwandelt. Eine Nachteule mit glühenden Augen flog dreimal um sie herum und schrie dreimal: „Schuh, hu, hu, hu!" Joringel konnte sich nicht regen. Nun war die Sonne ganz untergegangen. Die Eule flog in einen Strauch und gleich darauf kam eine alte Frau daraus hervor. Sie murmelte einige Worte, fing die Nachtigall und trug sie auf der Hand fort. Joringel konnte nichts sagen, nicht von der Stelle kommen. Die Nachtigall war fort. Endlich kam das Weib wieder und sagte mit dumpfer Stimme:

„Grüß dich, Zachiel, wenn's Möndel ins Körbel scheint, bind los, Zachiel, zu guter Stund."

Da wurde Joringel los. Er fiel vor dem Weib in die Knie und bat, sie möchte ihm seine Jorinde wiedergeben, aber sie sagte: „Die siehst du nie wieder!" und ging fort. Joringel rief nach Jorinde, er jammerte und klagte, aber alles umsonst. Endlich ging er und ging und ging. Eines Nachts träumte er ...

D **Name:** _____ **Klasse:** ____ **Datum:** _____ **Nr.** ____

1. In einem alten Schloss, mitten im Wald, wohnte eine alte Frau. Sie war eine böse **Zauberin.** Kreuze richtig an.

a) Am Tage machte sie sich: O zum Raben   O zur Katze   O zur Eule

b) Abends wurde sie wieder: O eine junge Frau   O ein Mensch

2. Die alte Frau war eine **Erz**zauberin, also eine besonders **starke** Zauberin mit großen Zauberkräften. Notiere, was sie alles konnte.

Wenn **jemand** auf 100 Schritte dem Schloss nahe kam, _____

_____

Wenn aber ein **Mädchen** in ihren Zauberkreis kam, _____

_____

3. Jorinde und Joringel verliefen sich, kamen dem Schloss zu nahe.

Welche schlimmen Folgen hatte dies:

a) für das Mädchen Jorinde?

_____

_____

b) für den Burschen Joringel?

_____

_____

Schuh, hu, hu, hu!

4. Während Jorinde ihr Lied sang, geschah etwas. Begründe dies.

_____

5. Der erstarrte Joringel wurde zwar von der Zauberin wieder entzaubert, konnte sich wieder bewegen. Die in eine Nachtigall verwandelte Jorinde blieb aber fort.

Die siehst du nie wieder!

Eines Nachts träumte Joringel, wie er seine Braut Jorinde wiederbekommen könnte.

Schreibe auf deinem Block auf, welchen **Traum** Joringel gehabt haben könnte, was er später unternahm. Beachte dabei die **Regeln** für das **Märchenerzählen.**

• Lass **gute** Personen sprechen: Fee, Elfe, Zwerg, weise Frau.

• Verwende **magische** Dinge: sprechender Spiegel, redender Kristall, durch die Wand gehen, sprechender Gegenstand, Wunderblume.

• Denke dir starke **Zaubersprüche** aus: Hokuspokus fidibus, Simsalabim, Hierum - herum - Löffelstiel.

• Eine **gefährliche** Situation wird überwunden: Die böse Hexe verliert den Kampf.

| **D** | **Name:** _____ | **Klasse:** ____ | **Datum:** _____ | **Nr.** ____ |

Einmal des Nachts träumte er, er fände eine blutrote Blume. In ihrer Mitte war eine schöne, große Perle. Er brach die Blume ab und ging damit zum Schloss und alles, was er mit der Blume berührte, ward von der Zauberei frei. Auch träumte Joringel, er hätte seine Jorinde dadurch wiederbekommen.

Als er am nächsten Morgen erwachte, fing er an, die Traumblume zu suchen. Er wanderte über Berg und Tal und suchte, aber erst am neunten Tag, ganz früh am Morgen, fand er die blutrote Blume. In ihrer Mitte lag ein Tautropfen, so groß wie die schönste Perle.

Joringel trug die Blume Tag und Nacht, bis er wieder zu dem Schloss kam. Wie er auf hundert Schritt nahe zur Mauer kam, ward er nicht festgebannt, sondern ging bis ans Tor. Er berührte die Pforte mit der Blume und sie sprang auf. Er ging hinein, ging durch den Hof und horchte, wo die siebentausend Vögel zwitscherten. Endlich hörte er's.

Joringel ging weiter und fand den Saal, in dem die Zauberin war und die Vögel in den siebentausend Körben fütterte. Wie sie den Joringel sah, ward sie bös, sehr bös, schalt, spie Gift und Galle gegen ihn, aber sie konnte nicht näher als auf zwei Schritte an ihn herankommen.

Joringel scherte sich nicht um sie und besah die Körbe mit den Vögeln. Da waren aber viele hundert Nachtigallen darunter, wie sollte er seine Jorinde herausfinden? Wie er so schaute und suchte, merkte Joringel, dass die Zauberin heimlich ein Körbchen mit einem Vogel wegnahm und damit nach der Tür ging. Flugs sprang er hin, berührte das Körbchen mit der Blume und auch das alte Weib.

Nun konnte sie nichts mehr zaubern und Jorinde stand da und fiel Joringel um den Hals. Da machte er auch all die andern Vögel wieder zu Mädchen und dann ging er mit seiner Jorinde nach Hause, und sie lebten lange vergnügt zusammen.

6. Schreibe auf, welche **Zauberkraft** die **Wunderblume** hatte.

Ergänze den Lückentext. Male die Blume farbig aus.

Als Joringel auf 100 Schritt nahe zur Mauer kam, ward er

_____ festgebannt, sondern ging bis _____ _____.

Er berührte die Pforte mit der Blume und sie _____ _____.

Die Zauberin konnte nicht näher als auf _____ Schritte an ihn

herankommen. Joringel berührte das _____ mit der

Blume und auch das alte _____. Nun konnte sie nichts

mehr _____ und_____ stand da.

Da machte er auch die anderen Vögel wieder zu _____.

D	Name: _____	Klasse: ____	Datum: _____	Nr. ____

7. Den **Inhalt** dieses **Märchens** kann man kurz in acht Stichpunkten wiedergeben. Schneide die folgenden Satzstreifen aus, nummeriere sie und klebe sie in der richtigen Reihenfolge unter die Bilder.

◯ Joringel träumt von der Wunderblume.

◯ Joringel sucht und findet Wunderblume.

◯ Jorinde wird Nachtigall, Joringel regungslos.

◯ Joringel befreit Jorinde aus Käfig.

◯ Erzzauberin lebt in einem alten Schloss.

◯ Jorinde und Joringel spazieren im Wald.

◯ Joringel bittet Zauberin um Jorinde.

◯ Joringel wird von Zauberin erlöst.

①

②

③

④ *Bind los, Zachiel!*

⑤ *Jorinde, bitte!*

⑥

⑦

8. Schreibe dieses Märchen auf deinen Block. Verwende die wörtliche Rede und lasse die Personen und Tiere sprechen.   Jorinde und Joringel

D Name: _____ Klasse: ____ Datum: _____ Nr. ____

Ein Märchen erfinden

Du wirst jetzt lernen, wie du selbst ein Märchen schreiben kannst.

1. Betrachte die vier Bilder. Vielleicht fallen dir schon einige **Ideen** zu einem **Märchen** ein. Erzähle sie deinem Nachbarn.

2. Du kannst dir auch mithilfe der folgenden **Stichpunkte** aus der Reizwörterliste ein **Märchen** ausdenken. Wähle einige Stichpunkte sinnvoll aus und kreuze sie an. Schreibe deine Ideen auf die Leerzeilen.

• **Es war einmal ...**

O eine Prinzessin   O ein Prinz   O eine Zauberin   O ein Zwerg   O eine Fee

O ein Riese   O ein König   O _____   O _____

• **Wo die Personen lebten ...**

O in einem Schloss   O auf einer Burg   O in einer alten Waldhütte

O in einer Drachenhöhle   O auf einem Zauberberg   O _____

• **Wie sie den Tag verbrachten ...**

O sich lustig unterhalten   O beim Festessen sein   O nichts tun

O Verwünschungen aussprechen   O etwas herbeizaubern   O spielen

O Gutes tun   O verzaubern   O Freunden helfen   O _____

• **Eines Tages geschah etwas Unheimliches ...**

O im Wald verlaufen   O einer Hexe begegnet   O vom Zauberer verwunschen

O in große Not geraten   O einen Unfall gehabt   O im Sumpf verirrt

O von Räubern entführt   O am Fluss vergessen   O _____

• **Wie das Problem gelöst wurde ...**

O durch einen Zauberspruch   O durch ein gelöstes Rätsel   O durch eine helfende Fee

O mithilfe eines sprechenden Frosches   O durch einen krächzenden Raben

O durch eine Blume   O durch eine weise Frau   O Ein schlauer Fuchs wusste etwas.

O _____   O _____

• **Welchen Schluss das Märchen hatte ...**

O Der Bösewicht wurde bestraft.   O Der Ehrliche gewann schließlich.

O Das Gute siegte.   O Die Prinzessin heiratete.   O _____

| **D** | Name: _____ | Klasse: ____ | Datum: _____ | Nr. ____ |

3. Schreibe zur **Bildergeschichte** oder zu deiner **Stichpunktesammlung** ein **Märchen**.
Lasse Pflanzen, Tiere und Personen sprechen. Zeichne **Bilder**.

| **D** | **Name:** _____ | **Klasse:** ____ | **Datum:** _____ | **Nr.** ____ |

Rübezahl und die Wandergesellen

Einst reisten zwei arme Wandergesellen über das Riesengebirge. Als sie nun in trüben Gedanken dahinzogen, sahen sie eine prächtige Kutsche vorüberfahren, die von etlichen Pagen begleitet war. Sie dachten, dass wohl ein vornehmer Herr darin sitzen müsse, eilten hinzu und baten demütig um einen Reisepfennig.

Da sprang der vornehme Herr aus dem Wagen, schnitt mit seinem Messer aus dem Gebüsch zwei Stöcke ab und überreichte sie ihnen mit den Worten: „Damit nehmt für diesmal vorlieb. Ihr werdet euch schon erholen und wieder auf die Beine kommen."

Die Gesellen nahmen die Stöcke und bedankten sich, denn sie trauten sich nicht, das Geschenk eines so vornehmen Herrn abzulehnen. Hierauf stieg Rübezahl – wer sollte es sonst gewesen sein? – wieder in den Wagen und fuhr eilends davon.

Die beiden Wanderer humpelten langsam ihres Weges und schwatzten von dem prächtigen Wagen und den armseligen Stöcken, bis der eine verdrießlich sagte: „Ei, was soll ich mit dem Stock! Ein solcher Herr hätte uns etwas Besseres schenken können als ein Stück Holz, das ich mir selber schneiden kann!"

Damit warf er den Stock geringschätzig von sich. Sein Gefährte aber tadelte ihn deswegen und sprach: „Ich will meinen Stock behalten. Wer weiß denn, wozu er gut ist?"

Mit solchen und anderen Reden kamen sie endlich über das Gebirge und gingen in eine Herberge. Als nun der Geselle, der seinen Stab behalten hatte, diesen betrachtete, da rieb er sich verwundert die Augen. Aber er hatte richtig gesehen – der schlichte Stock hatte sich in lauter Gold verwandelt.

Als der andere das nun sah, sprach er: „Wir machen Halbpart, Bruder! Wir wollen ehrlich teilen!" – „Nein, Bruder", entgegnete jener, „warum hast du deinen Stock weggeworfen?"

Da lief der Bursche, so schnell er konnte, ins Gebirge zurück, um den Stock zu suchen, fand ihn aber nicht.

Was soll ich mit dem Stock?

D Name: _____ Klasse: _____ Datum: _____ Nr. ____

Der Berggeist Rübezahl, Herr des Riesengebirges, hatte vielfach schlechte Erfahrungen mit Menschen gemacht und ärgerte sie deshalb immer wieder, konnte verschiedene Gestalten annehmen. Ganz wollte er aber die Menschen nicht aus dem Gebirge vertreiben, denn er hatte auch viel Spaß mit ihnen. Leute, die mit wenig zufrieden waren, beschenkte er großzügig.

1. Die beiden armen Wandergesellen baten den vornehmen Herrn in der Kutsche um einen __ __ __ __ __ __ __ __ __ __ __ __ , bekamen aber nur zwei __ __ __ __ __ __ als Almosen.

2. Begründe, warum der eine Wanderer seinen Stock wegwarf, der andere aber seinen Stock behielt.

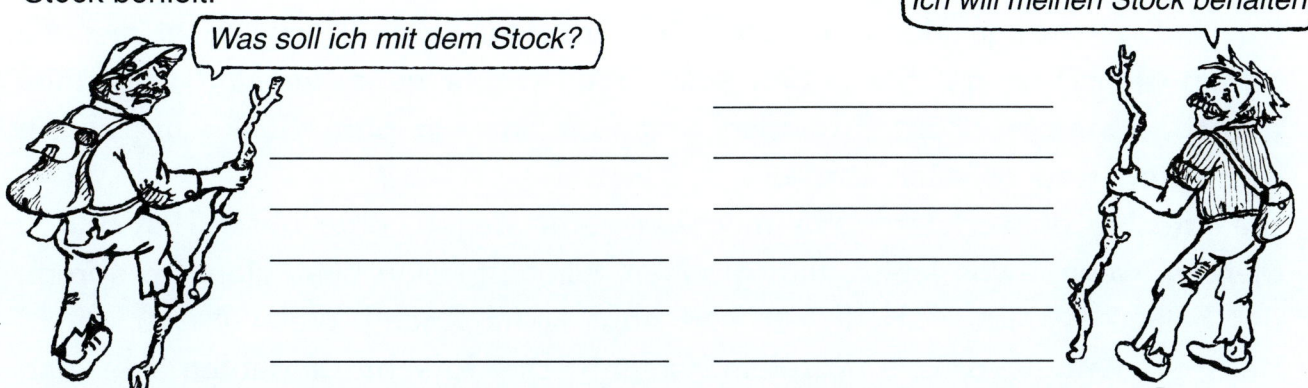

Was soll ich mit dem Stock?

Ich will meinen Stock behalten.

_____   _____

_____   _____

_____   _____

_____   _____

3. Wie wurde der bescheidene Wanderer, der seinen Stock behielt, von Rübezahl belohnt? Abends in der Herberge: _____

4. Rübezahl war früher einmal ein armer Knecht bei einem geizigen Bauern, der ihm nur einen geringen Hirtenlohn gab.
Was meinst du? Warum wohl hat sich Rübezahl über **beide** Wanderer gefreut?

_____

_____

5. Denke dir selbst eine **Rübezahl-Geschichte** aus. Oder schreibe mithilfe der Stichpunkte eine Geschichte.

Rübezahl und die Waldarbeiter
drei Waldarbeiter - Riesengebirge - Mann unter umgestürzter Fichte - Rettung durch drei Waldarbeiter - Belohnung: drei große Kieselsteine - zwei Waldarbeiter warfen Steine weg - einer hob seinen Kieselstein auf - Goldklumpen - arme Familie - reich - die beiden anderen Waldarbeiter - suchten lange ihre Kieselsteine - fanden sie aber nicht - ärgerten sich. Was dachte sich Rübezahl?

| **D** | Name: _____ | Klasse: ____ | Datum: _____ | Nr. ____ |

Der heilige Nikolaus

Vor vielen hundert Jahren lebte in einer Stadt – weit, weit von hier – ein Bischof mit Namen Nikolaus.

Einmal war eine große Hungersnot. Nirgends gab es Brot zu kaufen, und wenn man eine Handvoll Gold gegeben hätte. Da sprachen die Menschen zu dem heiligen Mann: „Gott liebt uns nicht mehr. Er hat uns ganz und gar verlassen." Nikolaus aber antwortete: „Betet zu ihm, er wird uns helfen."

Und siehe, es dauerte nicht lange, da kam übers Meer ein Schiff gefahren, das steuerte dem Lande zu und warf die Anker aus. Das Schiff war hoch mit Korn beladen.

Da ging der heilige Mann zu den Schiffsknechten und sprach: „Seht hier die armen Menschen an! Sie haben seit Tagen nichts gegessen und sind nahe daran zu sterben. Habt Erbarmen und füllt uns ein paar Säcke mit eurem Korn. Gott wird es euch lohnen."

Die Knechte antworteten: „Wir möchten gerne helfen, aber unser Herr würde merken, wenn etwas fehlte, und glauben, wir hätten ihn bestohlen. Da sprach der heilige Nikolaus: „Helft nur und habt keine Angst! Wenn ihr zu eurem Herrn kommt, wird kein Körnlein fehlen!" Die Knechte glaubten ihm und schenkten den Hungernden Korn genug. Da wurde Mehl gemahlen und Brot gebacken. Alle aßen und alle wurden satt.

Als ein paar Tage danach das Schiff weiterfuhr und in das fremde Land kam, siehe, da fehlte in den Säcken wirklich nicht ein Korn, so wie es der heilige Mann gesagt hatte.

1. Vor vielen hundert Jahren gab es in einer Stadt eine **Hungersnot**.

Kreuze an, wie die Menschen in dieser Zeit lebten.

a   O   Nirgends gab es Brot zu kaufen, die Menschen hungerten.

b   O   Nur für Gold konnten die Leute Brot kaufen.

c   O   Menschen sprachen den heiligen Mann an, Gott habe sie verlassen.

2. Schreibe in die Sprechblase, was Nikolaus antwortete und was daraufhin im Hafen der Stadt geschah.

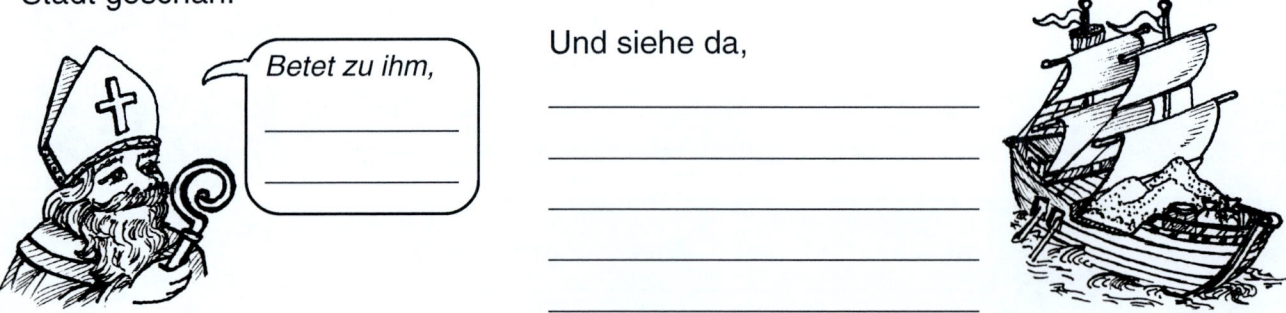

Betet zu ihm,
_____
_____

Und siehe da,
_____
_____
_____
_____
_____

D Name: _____ Klasse: ____ Datum: _____ Nr. ____

3. Der heilige Mann ging wegen der großen Hungersnot zu den Schiffsknechten und bat sie um etwas:

_____

4. Warum wollten die Knechte zunächst **kein** Korn hergeben?

a O   Die Knechte wollten Getreide nur gegen Gold verkaufen.

b O   Sie würden gerne helfen, hatten aber Angst vor ihrem Herrn.

c O   Unser Herr könnte ja glauben, wir wollten ihn bestehlen.

{Helft nur!}

5. Der heilige Nikolaus zerstreute die Bedenken der Knechte. Was versprach er ihnen, wenn sie einige Säcke Korn hergeben würden?

_____

_____

6. Glaubten die Schiffsknechte dem heiligen Mann? Kreuze an.

O Die Knechte glaubten dem Nikolaus nicht und gaben kein Korn her.

O Sie vertrauten dem heiligen Mann und schenkten den Hungernden Korn.

7. Als das Schiff wieder weiterfuhr in das fremde Land, da geschah das **Wunder**.

_____

_____

8. Trage in den **Lückentext** folgende Wörter sinngemäß ein:

stärken - Leben - wundersame - Heiligen

Eine Legende ist eine _____ Erzählung aus dem _____ eines

_____. Sie will dich im Glauben _____.

9. Schreibe anhand der Stichpunkte die **Legende** vom heiligen **Martin**.

> **Sankt Martins Ritt durch den Schnee**
>
> von _____
>
> Martin ritt - durch Schnee und Wind - große Kälte - warmer, roter Mantel - frierender Bettler am Wegesrand - in Lumpen gehüllt - Bitte um Hilfe - Martins Mitleid - zügelte sein Pferd - zog sein Schwert - trennte Mantel in zwei Hälften - Bettler erhielt halben Mantel - wollte danken - doch Martin ritt weiter - eilig - mit seinem roten Mantelteil - Martin ließ sich taufen - bekannte sich zum Christentum

D	**Name:** _____	**Klasse:** ____	**Datum:** _____	**Nr.** ____

Gleichnis vom verlorenen Sohn

Lukas

Ein Mann hatte zwei Söhne. Der jüngere von ihnen sprach zum Vater: „Vater, gib mir den Anteil des Vermögens, der mir zukommt." Da teilte er unter sie das Besitztum.

Wenige Tage darauf packte der jüngere Sohn alles zusammen, zog fort in ein fremdes Land und vergeudete dort sein Vermögen durch ein ausgelassenes Leben. Nachdem er aber alles aufgebraucht hatte, entstand eine große Hungersnot in jenem Lande.

Da verdingte er sich an einen Bürger jenes Landes, und der schickte ihn auf seine Felder zum Hüten der Schweine. Gerne hätte er seinen Magen gefüllt mit Schoten, von denen die Schweine fraßen; aber niemand gab sie ihm.

Da ging er in sich und überlegte: Wie viele Tagelöhner meines Vaters haben Überfluss an Brot, ich aber gehe hier vor Hunger zugrunde. Ich will mich aufmachen und zu meinem Vater gehen und zu ihm sagen: „Vater, ich habe mich versündigt gegen den Himmel und vor dir; nicht mehr bin ich wert, dein Sohn zu heißen; halte mich wie einen Taglöhner." Und er machte sich auf und ging zu seinem Vater.

Er war noch weit weg, da sah ihn sein Vater und lief ihm, von Mitleid bewegt, entgegen, fiel ihm um den Hals und küsste ihn.

Der Sohn bereute seine Taten. Der Vater aber sagte zu seinen Knechten: „Holt ihm geschwind das beste Kleid heraus und zieht es ihm an; gebt ihm einen Ring an die Hand und Schuhe an die Füße; wir wollen ein Freudenfest feiern; denn dieser mein Sohn war verloren und wurde gefunden."

Der ältere Sohn aber beschwerte sich bei seinem Vater: „Siehe, so viele Jahre diene ich dir und niemals übertrat ich dein Gebot; aber nie hast du mich mit meinen Freunden ein Freudenfest feiern lassen." Der Vater aber sprach zu ihm: „Kind, du bist immer bei mir, und all das Meine ist dein; freuen aber müssen wir uns und froh sein; denn dieser dein Bruder war verloren und wurde gefunden."

1. Welcher Sohn wollte seinen Vermögensanteil ausbezahlt bekommen?

O der ältere Sohn   O der jüngere Sohn

2. Was machte der **jüngere** Sohn mit dem Geld seines Vaters?

O Er verschenkte es.   O Er vergeudete es.   O Er kaufte sich Land.

3. Im fremden Land brach eine Hungersnot aus. Der jüngere Sohn wurde

O ein Kuhhirte   O ein Schweinehüter   O ein reicher Landwirt

| **D** | **Name:** _____ | **Klasse:** ____ | **Datum:** _____ | **Nr.** ____ |

4. Als der **jüngere** Sohn beim Schweinehüten war, überlegte er:

○ Ich gehe von Hunger zugrunde, muss hier weiter Schweine hüten.

○ Lieber will ich wieder Knecht bei meinem Vater werden.

5. Der **jüngere** Sohn ging zu seinem Vater. Wie verhielt sich dieser?

○ Der Vater erkannte seinen Sohn nicht mehr, schickte ihn fort.

○ Er lief ihm freudig entgegen und umarmte ihn herzlich.

6. Der **ältere** Sohn aber beschwerte sich bei seinem Vater:

○ Niemals übertrat ich ein Gebot, nie durfte ich Feste feiern.

○ Immer hast du nur meinen jüngeren Bruder geliebt, mich nie.

7. Welche Antwort gab der Vater seinem **älteren** Sohn?

○ Du bist immer bei mir gewesen, all das Meine gehört dir.

○ Jetzt kann ich mein Erbe unter meinen beiden Söhnen aufteilen.

8. Was will Jesus dir mit diesem **Gleichnis** sagen?

_____

Denke darüber nach:

Jesus vergleicht in dieser Geschichte den barmherzigen **Vater** mit dem gütigen **Gott**. Der Vater freut sich über den zurückgekehrten Sohn. Genauso freut sich Gott über jeden Menschen, der schon verloren gewesen ist, nun aber wieder zu ihm zurückfindet. Gott nimmt uns immer wieder auf, wenn wir Menschen auch bereuen.

9. Schreibe anhand der Bilder eine **Nacherzählung** auf, in der du besonders hervorhebst, wie **barmherzig** der Vater zu seinem jüngeren Sohn ist.

Gleichnis vom barmherzigen Vater

Ein Vater hatte zwei Söhne. ...   Zeichne Bild 8!

| ① | ② | ③ | ④ |
| ⑤ | ⑥ | ⑦ | ⑧ |

| **D** | Name: _____ | Klasse: ____ | Datum: _____ | Nr. ____ |

Wenn das M nicht wär' erfunden

James Krüss

Wenn das M nicht wär' erfunden,
wäre manches schief und krumm.
Denn dann hießen Max und Moritz
Ax und Oritz. Das wär' dumm.

Wenn das M nicht wär' erfunden,
wäre mancher übel dran.
Maximilian, der hieße
plötzlich Axilian.

Wenn das M nicht wär' erfunden,
wär' das ABC nicht voll.
Jede Mama hieße a-a.
Und das wäre gar zu toll.

M m

Doch zum Glück ist es erfunden.
Das ist nützlich! Das ist fein!
Denn nun können kleine Kinder
Mutti oder Mama schrein.

Mama!

1. Wenn das **M** nicht wär' erfunden ...

Schreibe alle **M-Wörter** wieder richtig auf.

Ax und Oritz heißen in Wirklichkeit _____und _____

Axilian heißt dann wieder _____.

Kinder schreien nicht .utti oder .a-a, sondern _____ oder _____.

2. Auch wenn **m** nicht wär' erfunden ...

Lies im Text nach und schreibe alle **m-Wörter** richtig auf.

.anches → _____;   kru . . → _____;

du . . → _____;   .ancher → _____;   zu . → _____;

3. Der Dichter will dich mit der **Überschrift** des Gedichts zum Nachdenken anregen! Was wäre, wenn das **M** bei **Wörtern** fehlen würde? Kreuze die richtigen Antworten an.

a   O   Wörter ohne M würden komisch klingen, seltsam aussehen.

b   O   Sollen kleine Kinder doch ruhig Utti, Utti und a-a, a-a schreien.

c   O   Es gäbe dann keine schönen Vornamen wie z. B. Maximilian.

d   O   Das Alphabet hat 26 Buchstaben. Auf einen Buchstaben weniger kommt es doch
        gar nicht an.

e   O   Dann könntest du nicht mehr Mmm sagen, wenn dir etwas schmeckt.

D | Name: _____ | **Klasse:** ____ | **Datum:** _____ | **Nr.** ____

Zwei Drittklässler - Stefan und Sybille - haben zur 1. Strophe des Gedichts selbst **Reime** geschrieben.

> Wenn das S nicht wär' erfunden,
> wäre manches schwer zu **sprechen**.
> Denn dann hießen Stefan und Sybille
> Tefan und Ybille. Das wär' doch zum Zungen**brechen**.

S

4. Schreibe zur 1. Strophe oder auch zur 2. Strophe des Gedichts selbst **Verse** und beachte die Randbemerkungen.

Meine Reime

Wenn das __ nicht wär' erfunden,
_____
_____
_____

Suche einen Buchstaben!
Was wäre dann?
Wie heißen die Kinder?
Namen ohne __? Reim dazu!

5. Schreibt in Gruppenarbeit weitere **Gedichtstrophen** auf.

a) **Ɛ**   Wenn das E _____
_____
_____
_____

b)   Wenn _____
_____
_____
_____

6. Schreibe das ganze Gedicht ab auf deinen Block.

Ersetze nur die **M-Wörter** durch die entsprechenden **P-Wörter**.

Aus <u>M</u> <u>a</u> <u>m</u> <u>a</u> wird dann natürlich __ __ __ __ .

Wenn das P nicht wär' erfunden
nach James Krüss

Wenn das P nicht wär' erfunden,
wäre manches schief und krumm.
Denn dann hießen _____ und _____
_____

P

Fahre fort!

| **D** | Name: _____ | Klasse: ____ | Datum: _____ | Nr. ____ |

Das Kostbarste
Helmut Zöpfl

1 Äpfel, Birnen, Aprikosen,
2 Hemden, Kleider, Strümpfe, Hosen,
3 einen Farbstift und ein Buch,
4 einen Ball, ein buntes Tuch
5 und noch einen ganzen Haufen
6 kannst du dir für Geld wohl kaufen.

7 Doch es gibt auf dieser Welt
8 sehr viel Schönes ohne Geld:
9 Sternenhimmel, Sonnenstrahlen,
10 dafür brauchst du nichts zu zahlen.

11 Und dazu ist dir das Größte,
12 Schönste, Kostbarste und Beste
13 einfach als Geschenk gegeben.
14 Was ist das? Dein eigenes Leben.

1. Im ersten Abschnitt des Gedichts nennt der Dichter viele schöne Dinge, die man für Geld kaufen kann. Schreibe ihre Namen heraus.

_____ - _____ - _____ - _____ - _____ -

_____ - _____ - _____ - _____ - _____ - _____

2. Und noch einen ganzen Haufen kannst du dir **für Geld** kaufen. Ergänze die fehlenden Namen und zeichne das fehlende Bild.

		Schuhe	

3. Auf der Welt gibt es auch viel Schönes **ohne Geld**. Suche selbst weitere Beispiele, zeichne und benenne sie.

D	**Name:** _____	**Klasse:** ____	**Datum:** _____	**Nr.** ____

4. Im letzten Abschnitt des Gedichts (Zeilen 11 - 14) kommen viele **Eigenschaftswörter** vor, die der Dichter gesteigert hat. Ergänze die Leerstellen in der Tabelle.

groß   - _____ - _____ : / _____

schön   - schöner   - _____ : / _____

kostbar   - _____ - am kostbarsten   : / _____

gut   - _____ - _____ : / das Beste

5. Das Gedicht wird - von Zeile zu Zeile - immer spannender geschrieben und endet am Höhepunkt mit der Frage: **Was ist das?**

Ergänze die Leerstellen im Schaubild.

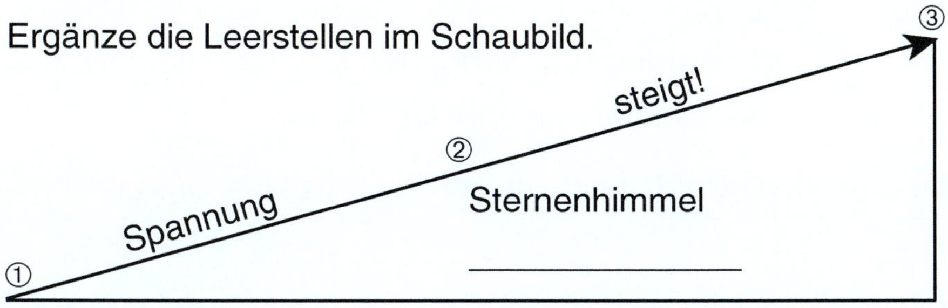

③

② steigt!

Spannung   Sternenhimmel

① _____

Dein _____

ist das _____,

das _____,

das _____,

das _____.

Äpfel, _____, ...

Das Kostbarste!

6. Schreibe auf, warum **dein** Leben das **Kostbarste** ist, was du mit deinem Leben alles Schönes machen kannst.

Ich kann ...

am Nachmittag mit meinen Freunden Fußball spielen.

_____

_____

_____

_____

_____

7. Schreibe auf deinem Block das Gedicht ab. Ersetze aber nun die Wörter, die sagen, was du **mit Geld** kaufen und was du **ohne Geld** bekommen kannst, durch deine eigenen ausgedachten Wörter. Die Wörter am Ende der Zeilen sollten sich reimen.

Das Kostbarste

nach Helmut Zöpfl

Ananas, Bananen, ...

Kannst du reimen?

| **D** | **Name:** _____ | **Klasse:** ____ | **Datum:** _____ | **Nr.** ____ |

Der Herbst

H	⇨	**H**asen hoppeln über Stoppelfelder.
E	⇨	**E**icheln und Kastanien fallen von den Zweigen.
R	⇨	**R**eifes Obst hängt an den Bäumen.
B	⇨	**B**unt werden schon die Wälder.
S	⇨	**S**türme rütteln an den Fensterläden.
T	⇨	**T**rauben schmecken so süß.

1. In diesem Gedicht hat sich ein Wort versteckt. Finde es heraus.

— — — — — —

Du findest das Lösungswort, indem du alle **Anfangsbuchstaben** der Sätze untereinander, also von oben nach unten liest. Dieses Gedicht nennt man **Akrostichon**.

2. Schreibe die folgenden Sätze in der richtigen Reihenfolge auf die Leerzeilen. Das Lösungswort ist eine Jahreszeit.

Teiche sind schon zugefroren. Richtig kalt ist es geworden.

Nanu, da steht ein Schneemann. Weiße Flocken schweben hernieder.

Endlich gibt es Schnee, juchhe! Ich ziehe warme Sachen an.

—	⇨	_____
—	⇨	_____
—	⇨	_____
—	⇨	_____
—	⇨	_____
—	⇨	_____

Lösungswort: __ __ __ __ __ __

3. Du kannst leicht selbst so ein Gedicht verfassen. Schreibe Gedanken auf, die zur Jahreszeit Sommer passen. Allerdings müssen die Anfangsbuchstaben der Sätze - von oben nach unten gelesen - das Lösungswort Sommer ergeben. Zeichne ein Bild dazu.

Der Sommer

S: _____

O: _____

M: _____

M: _____

E: _____

R: _____

| D | Name: _____ | Klasse: ____ | Datum: _____ | Nr. ____ |

Ferienzwölfchen

1 Herrlich
2 Dieser Sandstrand
3 Sammle schöne Muscheln
4 Plantsche fröhlich im Meer
5 Plitsch, platsch

1. Zähle die Anzahl der Wörter im Text nach. Ergänze den **Lückentext** durch die entsprechenden **Zahlwörter**.

In der ersten Zeile steht nur _____ Wort. In der zweiten und fünften Zeile kommen jeweils _____ Wörter vor. In der dritten Zeile zählst du _____ Wörter, in der vierten _____ Wörter.

Insgesamt enthält das Gedicht _____ Wörter. Deshalb wird es auch **Zwölfchen** genannt.

2. In den Ferien kannst du mit Freunden in der Wiese spielen. Schreibe die folgenden Satzteile so auf die Leerzeilen, dass daraus ein Ferienzwölfchen wird.

Träume im Gras - Blumen blühen - Wiese - Brumm, brumm - Hummeln und Bienen summen

Ferienzwölfchen

1 _____
2 _____ _____
3 _____ _____ _____
4 _____ _____ _____ _____
5 _____ _____

3. Verfasse jetzt selbst ein Ferienzwölfchen. Wähle ein Thema aus. Vielleicht hast du schon einmal deine Ferien verbracht:

in einem Zeltlager, auf einem Bauernhof, auf einer Berghütte, an einem See, am Meer, bei Verwandten im Dorf. Zeichne Bilder dazu.

Ferienzwölfchen

_____

_____ _____

_____ _____ _____

_____ _____ _____ _____

_____ _____

D Name: _____ Klasse: ____ Datum: _____ Nr. ____

Das große, kecke Zeitungsblatt

Josef Guggenmos

1 Heut <u>flatterte</u> durch unsere Stadt

2 ein großes, <u>keckes</u> Zeitungsblatt,

3 mir selber ist's begegnet.

flog, trödelte, purzelte

übermütiges, wildes, freches

4 <u>Herab die Straße</u> im Galopp

5 kam es <u>gelaufen</u>, hopp, hopp, hopp.

6 Es hüpfte, hopste, tanzte.

herab die Gasse, die Treppe

geflogen, geflattert

7 Allmählich wurd es <u>müd</u>, es kroch,

8 es <u>schlurfte</u> nur, es <u>schlich</u> nur noch.

9 Und legte still sich nieder.

schläfrig, schlapp, schwach

humpelte, schwebte, kroch

10 Da lag's, <u>wie eine Flunder platt</u>.

11 Dann aber tat das Zeitungsblatt

12 ganz plötzlich einen Sprung.

wie ein Blatt flach,

wie eine Blume welk

13 Stieg steil empor in <u>kühnem</u> Flug,

14 wobei es ein paar Saltos schlug,

15 und <u>landete dann wieder</u>.

steilem, höchstem, wildem

schwebte sanft zu Boden

16 Da saß es nun und duckte sich.

17 Jetzt krieg ich dich! - Doch es <u>entwich</u>

18 <u>mit tausend Purzelbäumen</u>.

entschwand, entkam, entwischte

mit vielen Saltos, Sprüngen

1. Du darfst jetzt selbst das **Gedicht** nach deinen eigenen **Ideen** umdichten. Ersetze die unterstrichenen Wörter durch eigene Wörter. Du kannst aber auch Wörter aus der Wörtersammlung auswählen.

Die Verse deines Erzählgedichts müssen sich nicht reimen. Auch ganze Sätze darfst du neu in deinem Gedicht aufnehmen.

Das große, kecke Zeitungsblatt.

von _____ _____

Heut purzelte durch unsre Stadt.
ein großes, freches Zeitungsblatt,
von weitem mir entgegen.

. . .

D   **Name:** _____   **Klasse:** ____   **Datum:** _____   **Nr.** ____

2. Erzähle anhand des Bildes, was das Zeitungsblatt alles erlebt hat.

① Es flatterte ...

② Es kroch ...

③ im Galopp

④ ein Sprung

⑤ ein paar Saltos

⑥ Es entwich mit 1000 Purzelbäumen.

3. In diesem **Spiel-Gedicht** kannst du die Bewegungen des Zeitungsblattes pantomimisch nachgestalten, mit Orff-Instrumenten untermalen.

1. Strophe: Heut <u>flatterte</u> durch unsere Stadt ...

Flatterhafte Bewegungen machen - Rascheln mit Zeitungspapier

2. Strophe: Herab die Straße im <u>Galopp</u> ...

Laufe, hüpfe, hopse, tanze, hopp, hopp, hopp! - Xylophon, Klopfen

3. Strophe: Allmählich wurde es müd ...

Vorwärts kriechen, schlurfen, schleichen, dann flach hinlegen

Es <u>kroch</u>: Schmirgelpapier reiben, Cabasa

Es <u>schlurfte</u>: Schüttelrohr

Es <u>schlich</u>: Füße am Boden schleifen, Tambourin bestreichen

Es <u>legte sich nieder</u>: Ton von Gong, Triangel leise ausklingen lassen

4. Strophe: Es tat plötzlich einen <u>Sprung</u>.

Aus dem Liegen in die Hocke gehen, zum Strecksprung hochspringen

Kinder schreien: „Hoch!" - Orff-Instrumente: Trommel, Guiro

5. Strophe: Es schlug ein paar <u>Saltos</u> ...

Drehsprünge, seitliches Abrollen, ev. Purzelbäume - Rassel, Klangstab

6. Strophe: Da saß es nun und <u>duckte</u> sich.

Schneidersitz, geduckte Haltung einnehmen - mit Zeitung rascheln

Es <u>entwich mit tausend Purzelbäumen</u>: Hopserlauf, Drehsprung

> *Das*
> *Zeitungsblatt*
>
> *Es*
> *flatterte,*
> *galoppierte,*
> *lief,*
> *hüpfte,*
> *hopste,*
> *tanzte,*
> *kroch,*
> *schlurfte,*
> *schlich,*
> *lag flach,*
> *sprang hoch,*
> *stieg empor,*
> *schlug Saltos,*
> *landete,*
> *saß da,*
> *duckte sich,*
> *entwich.*

Aufführung des Spiel-Gedichtes:

- Schüler liest Strophen klanggestaltend vor (Sprecher).
- Ein Kind spielt die Bewegungen des Zeitungsblattes nach.
- Einzelne Gruppen untermalen Gedicht mit Orff-Instrumenten.
- Der Rest der Klasse setzt ihre Körperinstrumente ein.

| **D** | **Name:** _____ | **Klasse:** ____ | **Datum:** _____ | **Nr.** ____ |

Sonnengesang

nach Franz von Assisi

Höchster, allmächtiger, gütiger Gott!
Mit allen deinen Geschöpfen
will ich dich loben und preisen.

Zuerst sei gelobt durch die Schwester Sonne:
Durch sie gibst du uns das Licht, für den Tag.
Sie ist wunderschön, strahlend,
ein Abbild deiner Schönheit, ewiger Gott.

Dann sei gelobt durch den Bruder Mond
und durch all meine Brüder, die Sterne:
Du hast sie an den Himmel gestellt,
Lichter der Nacht, kostbar und hell.

Gelobt seist du, Gott, durch den Bruder Wind,
durch die Luft, unsre Schwester,
durch Regenwolken und klares Wetter,
durch alles, was unser Leben erhält.

Gott sei gelobt durch die Schwester, das Wasser!
Nützlich ist es, kostbar und rein.

Sei gelobt durch unsern Bruder, das Feuer!
Es leuchtet im Dunkeln, warm und freundlich,
es brennt und glüht und ist stark.

Gelobt seist du, Gott, durch die Erde,
unsere Schwester und unsere Mutter!
Blumen bringt sie in Fülle hervor,
Frucht trägt sie zu unserer Nahrung.

Wie froh dürfen wir sein und wie glücklich,
du großer und guter Gott!
Danken wollen wir dir und in Demut dir dienen.

Preiset Gott!

Danket Gott!

1. Male die vorgegebenen Bilder farbig aus. Zeichne selbst passende Bilder zu den jeweiligen Strophen.

2. Für den heiligen Franziskus sind Pflanzen, Tiere, Menschen, Dinge der Welt Gottes Kinder, Brüder und Schwestern. Schreibe auf, wie der allmächtige und gütige Gott gelobt wird:

• durch die Schwestern _____, _____, _____, _____,

• durch die Brüder _____, _____, _____, _____.

| **D** | Name: _____ | Klasse: ____ | Datum: _____ | Nr. ____ |

3. Franziskus wurde im Jahre 1182 in Assisi, Italien geboren. Seinen Brüdern predigte er: „Gott ist mein Vater und euer Vater. Gott ist der Vater von allem, was er erschaffen hat."

Denke nach. Was wäre, wenn wir **nicht** hätten:

• Schwester Sonne?

_____

• Bruder Wind?

_____

4. In der letzten Strophe seines Sonnengesanges schreibt Franziskus, dass wir froh und glücklich sein dürfen, auf der Erde zu leben.

Ergänze die folgenden Satzanfänge:

• Ich freue mich in meinem Leben über _____

_____

• Ich fühle mich glücklich, weil _____

_____

5. Eines Tages ging Bruder Franziskus auf einem Landweg spazieren, blieb stehen und lauschte, wie in der Nähe Vögel zwitscherten. Der Legende nach sprach er mit seinen kleinen Schwestern, den Vögeln.

Lies, was er predigte.

Schreibe auf die Leerzeilen eine weitere Strophe zum Sonnengesang, und zwar über die **Vögel**. Was gefällt dir an ihnen?

Meine kleinen Schwestern, ihr Vögel! Preiset den Herrn! Ihr sät nicht, ihr erntet nicht, ihr sammelt nicht, euer himmlischer Vater nährt euch doch.

Sei gelobt durch unsere Schwestern, die Vögel.

_____

_____

_____

_____

_____

_____

_____

| **D** | **Name:** _____ | **Klasse:** ____ | **Datum:** _____ | **Nr.** ____ |

Wann sind Freunde wichtig?

von Georg Bydlinski

Freunde sind wichtig
zum Sandgruben bauen,
Freunde sind wichtig,
wenn andere dich hauen.
Freunde sind wichtig
zum Schneckenhaus suchen,
Freunde sind wichtig
zum Essen von Kuchen.
Vormittags, abends,
im Freien, im Zimmer ...
Wann Freunde wichtig sind?
Eigentlich immer!

Beantworte zunächst sorgfältig
die Fragen 1 bis 5.
Ergänze dann obiges **Gedicht**.
Male ein passendes **Bild** dazu.

Mein Gedicht:

Freunde sind wichtig

zum _____,

Freunde sind wichtig,

wenn _____,

_____ _____ _____

zum _____,

_____ _____ _____

zum _____.

_____, _____,

im _____, im _____ ...

Wann Freunde wichtig sind?

_____.

1. Findest du die fehlenden **Reimwörter** im Gedicht?

   bauen - _____; suchen - _____; Zimmer - _____

2. Schreibe heraus, wofür Freunde in diesem Text wichtig sind.

   zum _____; wenn _____;

   zum _____; zum _____

3. Zu welchen Tageszeiten kannst **du** Freunde treffen?

   _____ - _____ - _____ - _____

4. Wo triffst **du dich** meistens mit deinen Freunden?

   _____ - _____ - _____

5. Schreibe auf, warum **für dich** Freunde wichtig sind.

   _____

   _____

   _____

   _____

D | **Name:** _____ | **Klasse:** ____ | **Datum:** _____ | **Nr.** ____

Es ist Frühling

Was siehst du?   Der Frühling ist erwacht,
                   Himmelschlüsselchen leuchten.

Was hörst du?   Die Stare pfeifen wieder,
                   die Lerche trällert ihre Weise.

Was riechst du?   Es duftet betörend
                   nach Veilchen und Kirschblüten.

Was fühlst du?   Warme Sonnenstrahlen
                   streicheln sanft dein Gesicht.

Was tust du?   Frohgemut gehst du spazieren
                   durch Wald und Flur.

1. Erlebe den Herbst mit allen Sinnen. Setze in das Herbst-Gedicht die folgenden Wörter ein:
Sturm - bunt - Drachen - brennen - Äpfel - luftiger - Land - klappern - Kartoffeln - Trauben

Es ist Herbst

Was siehst du?   Der Herbst zieht ins _____.
                   Er färbt die Blätter _____.

Was hörst du?   Horch, wie der _____ braust,
                   wie die Fensterläden _____.

Was riechst du?   Lagerfeuer _____ lichterloh,
                   gebratene _____ duften.

Was schmeckst du? Saftige Birnen und _____,
                   süße _____ schmecken gut.

Was tust du?   Lass den _____ steigen
                   in _____ Höhe!

2. Es ist ganz einfach, ein Sommer-Gedicht zu schreiben. Lass die **Sinne** sprechen. Male ein farbiges Bild dazu.

Es ist Sommer

D	**Name:** _____	**Klasse:** ____	**Datum:** _____	**Nr.** ____

Die Vögel warten im Winter vor dem Fenster

Bertolt Brecht

1 Ich bin der Sperling.

2 Kinder, ich bin am Ende.

3 Und ich rief euch immer im vergangenen Jahr,

4 wenn der Rabe wieder im Salatbeet war.

5 Bitte um eine kleine Spende.

6 　　Sperling komm nach vorn.

7 　　Sperling, hier ist dein Korn.

8 　　Und besten Dank für die Arbeit!

9 Ich bin der Buntspecht.

10 Kinder, ich bin am Ende.

11 Und ich hämmere die ganze Sommerzeit,

12 all das Ungeziefer schaffe ich beiseit.

13 Bitte um eine kleine Spende.

14 　　Buntspecht, komm nach vorn.

15 　　Buntspecht, hier ist dein Wurm.

16 　　Und besten Dank für die Arbeit!

17 Ich bin die Amsel.	Wer bist du?
18 Kinder, ich bin am Ende.	Was fehlt dir?
19 Und ich war es, die den ganzen Sommer lang	Was tust du
20 früh im Dämmergrau in Nachbars Garten sang.	im Sommer?
21 Bitte um eine kleine Spende.	Worum bittest du?
22 　　Amsel komm nach vorn,	Was sagen die Kinder?
23 　　Amsel, hier ist dein Korn.	Was geben sie?
24 　　Und besten Dank für die Arbeit!	Wofür danken sie?

1. Vergleiche die Strophen. In allen drei Strophen finden Gespräche statt zwischen einem

_____ und den _____.

2. Spielt den Inhalt der 3. Strophe nach. Ein Schüler stellt die Fragen (Randbemerkungen).

Kinder antworten.

3. Schreibe auf, was die drei Vögel im Gedicht für die Kinder tun.

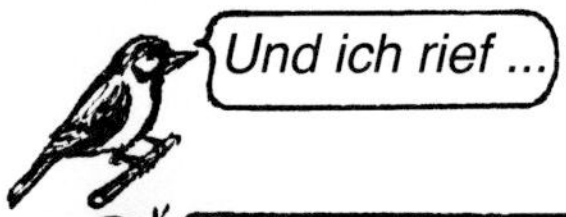

Und ich rief ... _____

_____

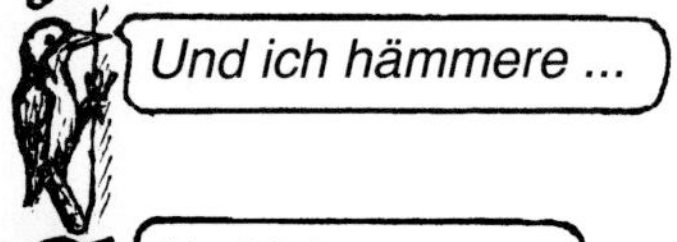

Und ich hämmere ... _____

_____

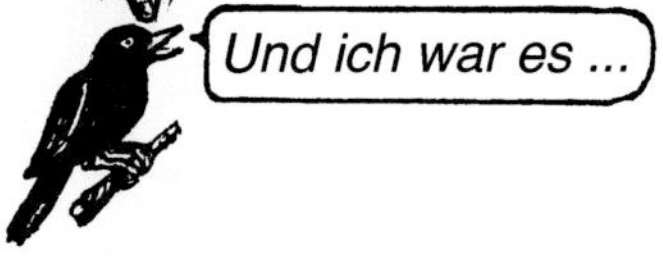

Und ich war es ... _____

_____

D | **Name:** _____ | **Klasse:** ____ | **Datum:** _____ | **Nr.** ____

4. In jeder Strophe des Gedichts kommen immer wieder drei gleiche Sätze vor. Schreibe sie heraus.

(Zeilen 2, 10, 18): _____

(Zeilen 5, 13, 21): _____

(Zeilen 8, 16, 24): _____

Warum wiederholt der Autor diese Sätze gleich **dreimal** im Gedicht?

Bertolt Brecht hat in seinem Leben armen Menschen oft geholfen.

_____

_____

5. Warum lässt der Dichter die Vögel sprechen? Was will er uns Menschen mit diesem Gedicht sagen?

_____

_____

_____

6. Im Winter kommen oft viele Vögel ans Futterhäuschen. Was kannst du machen? Wie fütterst du die Vögel richtig?

_____

_____

7. Schreibe mithilfe der Fragen selbst eine weitere **Strophe**. Suche dir zunächst einen Vogel aus. Male ihn farbig aus.

graublau
rot
weiß

Dompfaff

grün | blau
blau
blau
gelb

Blaumeise

1. Wer bist du? _____

2. Was fehlt dir? _____

3. Was tust du im Sommer? _____

4. Worum bittest du? _____

5. Was sagen die Kinder? _____

6. Was geben sie? _____

7. Wofür danken sie? _____

D Name: _____ Klasse: ____ Datum: _____ Nr. ____

Wer bin ich?

Ich lebe im Meer, bin aber kein Fisch.
Kann schwimmen, springen, fliegen und tauchen.
Habe schon Kinder vor dem Ertrinken gerettet.

1. Dieses kurze Gedicht, das sich nicht reimt, hat __ __ __ __ Zeilen und wird deshalb auch **Dreizeiler** genannt. Sicher kannst du dieses Tierrätsel lösen.

Das Tier ist ein __ __ __ __ __ __ .

2. Trage die fehlenden Buchstaben ein. Löse das Rätsel.
Zeichne ein passendes Bild dazu.

Wer bin ich?

Hopple, hopple durch das grüne Gras,

hab ein Ei verloren, na sowas!

Such und find es zur __ __ __ __ __ zeit.

Es ist gar nicht so schwer, ein **Tierrätsel** als **Dreizeiler** zu schreiben. Denke dir zunächst ein Tier aus. Schreibe auf, was dir dazu einfällt. In den einzelnen Zeilen beschreibst du, wie das Tier ausschaut, was es tut, was es Besonderes kann. Auch eine Überraschung oder etwas Lustiges kannst du dir ausdenken.

3. Denke dir zu dem Bild ein Tierrätsel aus.

Wer bin ich?

_____

_____

_____

4. Schreibe für deinen Nachbarn ein Tierrätsel. Zeichne ein Bild dazu, aber erst, wenn er das Rätsel gelöst hat.

Wer bin ich?

_____

_____

_____

D Name: _____ Klasse: _____ Datum: _____ Nr. _____

Ein großer Teich war zugefroren
Johann Wolfgang von Goethe

Ein großer Teich war zugefroren;
die Fröschlein, in der Tiefe verloren,
durften nicht ferner quaken noch springen,
versprachen sich aber, im halben Traum:
Fänden sie nur da oben Raum,
wie Nachtigallen wollten sie singen.

Der Tauwind kam, das Eis zerschmolz;
nun ruderten sie und landeten stolz
und saßen am Ufer weit und breit
und quakten wie vor alter Zeit.

1. Du bist sicher schon einmal auf dem Eis eines Teiches gewesen.
Beschreibe, wie ein Teich und seine Umgebung im Winter ausschauen. (Bild 1)

2. Wo bleiben die Frösche im Winter?
　O　Wenn ein Frosch unter das Eis gerät, muss er im Teich ertrinken.
　O　Der Wasserfrosch hält im Schlamm des Teiches seine Winterruhe.

Zicküth

3. In der Tiefe des Teiches:
Was versprachen sich die Frösche im halben Traum?

_____

_____

4. Der Winter ging vorüber, der Tauwind kam:
Beschreibe genau, was dann am Teich geschah. (Bild 2)

5. Die Sonne scheint immer wärmer. Der Teich ist vom Eis
befreit. Viele Frösche sitzen am Ufer
und quaken wie vor alter Zeit.
Warum können die Frösche - wie sie es sich im Traum
versprochen haben - nicht wie Nachtigallen singen?
Die Erklärung liefert das Bild.

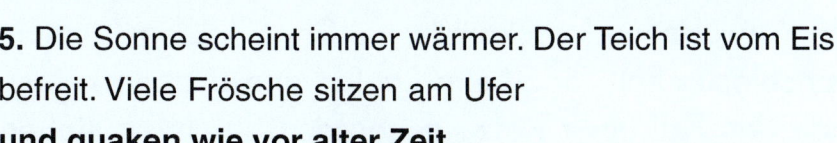

_____

Merke!

_____

Es sind die grasgrünen **Wasserfrösche**, die so laut quaken. Aber nur die
Männchen quaken. Seitlich am Hals haben sie zwei Schallblasen. Die **Gras-
frösche** leben sehr versteckt, halten sich mehr in der Nähe des Teiches auf.

D	**Name:** _____	**Klasse:** ____	**Datum:** _____	**Nr.** ____

Wie lebt der Maulwurf unter der Erde?

Auf den Wiesen kannst du oft viele Maulwurfshaufen sehen. Wenn du mit deinen Händen einen Maulwurfshügel etwas abträgst, stößt du bald auf eine Röhre, die schräg nach unten in das Revier des Maulwurfs führt. In seinem Gebiet unter der Erde legt der Maulwurf viele Jagdgänge an, deren Wände weich, locker und bröckelig sind, weil er nur dort Beutetiere jagen und fangen kann. Andere Röhren legt er als Laufröhren an, wobei er seinen walzenförmigen Körper gegen die Wände drückt, bis sie glatt und hart werden. In diesen Röhren kann er sich dann schnell und ungehindert fortbewegen.

Unter einem besonders großen Erdhaufen liegt meistens seine Wohnkammer, der Kessel. Dieser dient auch als Kinderstube, in der das Weibchen seine Jungen zur Welt bringt. Die kugelförmige Höhle ist mit trockenem Gras oder Laub gut ausgepolstert und bietet dem Maulwurf Wärme und Schutz vor Feinden.

Viele Laufgänge verbinden die Wohnung mit seinem Jagdrevier. Ein Laufgang führt zu einer Wasserquelle, zur Tränke. Mehrmals am Tag sucht der Maulwurf in seinem großen Jagdgebiet nach Beutetieren wie Regenwürmern, Raupen, Asseln, Schnecken und sogar Mäusen.

Für das Leben unter der Erde ist der Maulwurf gut ausgerüstet. Dafür hat er Grabfüße. Mit seinen schaufelförmigen Vordergliedmaßen und mit seiner Schnauze schiebt er die Erde nach oben, wodurch ein Maulwurfshaufen entsteht. Die kurzen, kräftigen Schaufelfüße haben feste Krallen und sind zum Wühlen und Graben bestens geeignet.

Der Maulwurf hat einen spitzen Kopf mit kurzem Hals. Wenn die Erde weich ist, gräbt er auch mit seinem keilförmigen Kopf, bohrt sich in die Erde hinein. Sein Fell ist samtartig, kurz und dicht und bietet Schutz vor dem Eindringen von Erde bis auf die Körperhaut.

Der Maulwurf muss mühelos vorwärts und rückwärts im Gang laufen können. Deshalb hat er ein kurzes, strichloses Fell, das beim Laufen und Graben keinen Widerstand bietet. Streichst du das Fell einer Katze gegen den Strich, so stellen sich ihre Haare auf. Aufgerichtete Haare im Fell eines Maulwurfs wären aber ein Hindernis für ihn, sich schnell in den Gängen zu bewegen.

Mit seinen kleinen Augen sieht er schlecht, ist fast blind. Die anderen Sinnesorgane sind besser beschaffen, damit er seine Beute aufspüren kann. Er hat wie eine Katze Tasthaare, riecht und hört gut. Weil seine Ohren keine Ohrmuscheln haben, kann er seine kleinen Ohren dicht an die Laufwände anlegen und lauschen, wo sich seine Beutetiere bewegen, denn der Boden überträgt die Geräusche deutlich. Maulwürfe halten keinen Winterschlaf und sind nützliche Insektenvertilger.

| **D** | Name: _____ | Klasse: ____ | Datum: _____ | Nr. ____ |

1. Lies die ersten drei Abschnitte im Text genau durch. Trage die richtigen **Begriffe** ins Schaubild ein.

Das _____ des Maulwurfs

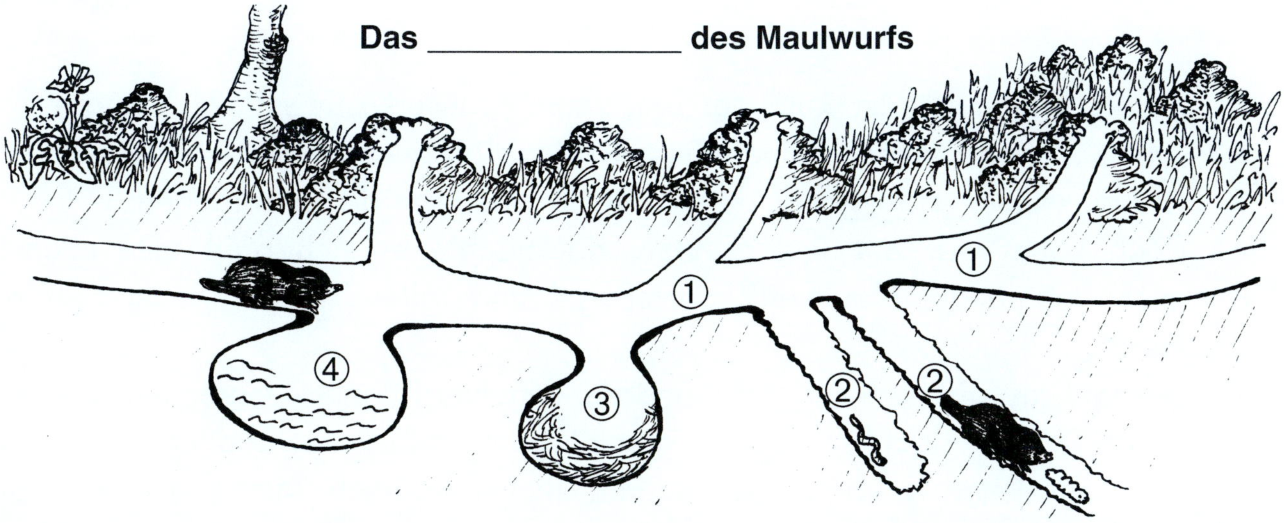

① _____   ② _____   ③ _____   ④ _____

2. Schreibe auf, wie gut der Maulwurf für das Leben unter der Erde ausgerüstet ist. Notiere stichpunktartig die **Vorteile** seines körperlichen **Aussehens**, seiner **Sinnesorgane**.

Körper: walzenförmig
Vorteil:
_____
_____

Kopf: rundlich
Vorteil:
_____
_____

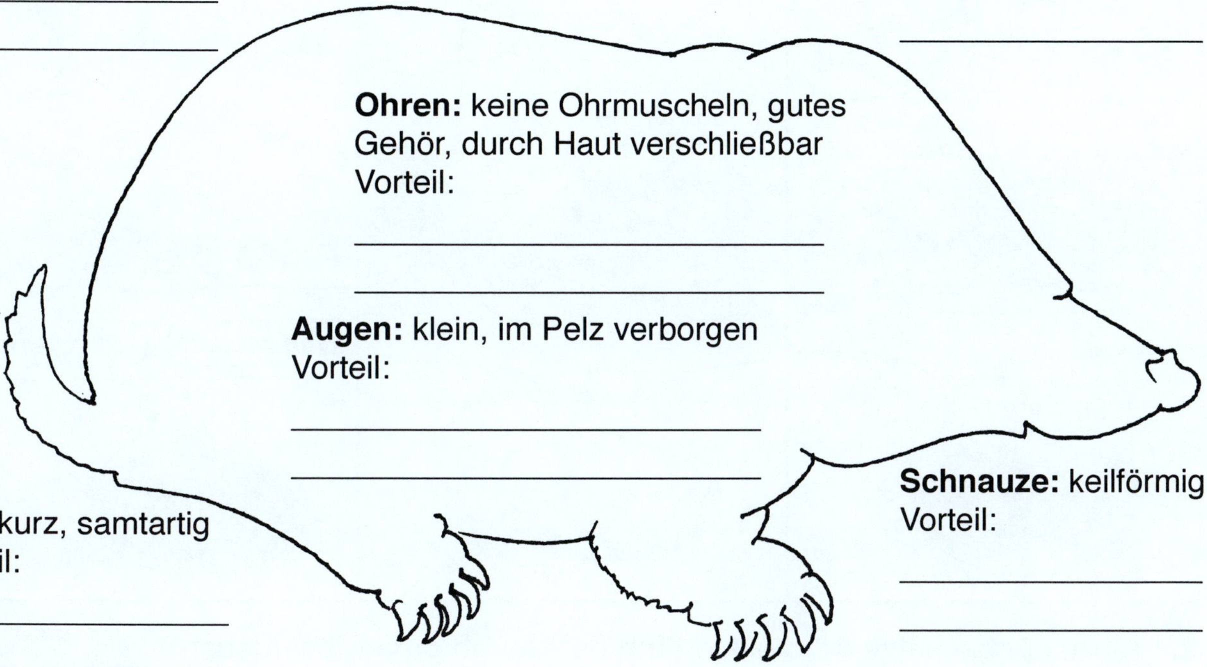

Ohren: keine Ohrmuscheln, gutes Gehör, durch Haut verschließbar
Vorteil:
_____

Augen: klein, im Pelz verborgen
Vorteil:
_____
_____

Schnauze: keilförmig
Vorteil:
_____

Fell: kurz, samtartig
Vorteil:
_____
_____

Fell: strichlos
Vorteil:
_____
_____

Grabschaufeln: breit, mit Krallen
Vorteil:
_____

| **D** | Name: _____ | Klasse: ____ | Datum: _____ | Nr. ____ |

Maulwurf und Igel
nach Äsop

1   Als es Winter wurde, kam der Igel zum Maulwurf. „Es ist kalt", sagte er,
2   „und ich habe keine Bleibe. Gib mir ein Plätzchen in deiner Höhle." „Ja,
3   wie du willst", entgegnete der Maulwurf und war damit zufrieden.
4   Doch kaum war der Igel drinnen, da machte er sich breit. „Du stichst
5   mich", sagte der Maulwurf, „sei so gut und rolle dich ein wenig zusam-
6   men."
7   Der Igel tat, als hörte er nicht, und der Maulwurf konnte versuchen, was er
8   wollte, immer stach er sich an den Stacheln des Igels. Endlich wurde es
9   ihm zu viel und er sagte: „Andauernd stichst du mich. Meine Wohnung ist
10 zu klein für uns beide. Ich bitte dich, geh wieder hinaus!"
11 Aber der Igel lachte nur und sprach: „Wer nicht bleiben kann, der muss
12 eben gehen. Mir ist das Haus groß genug, also werde ich bleiben."

1. Erzähle anhand der Bilder deinem Banknachbarn, wie es dem Maulwurf in der Geschichte ergangen ist. Später kannst du die Geschichte **frei** erzählen.

2. Kreuze nur die Sätze an, die den **Sinn** der **Geschichte** wiedergeben.

a O Der Igel möchte sich in der Höhle gegen die Kälte schützen. Der Maulwurf hat
        sich voreilig überreden lassen.

b O Der Igel will nur in die Höhle, um den Maulwurf zu ärgern.

c O Der Maulwurf mit seinem kurzen, samtweichen Fell hätte bedenken sollen, dass er
        mit dem stacheligen Igel nicht zusammen in **einer** Höhle leben kann.

D | **Name:** _____ | **Klasse:** ____ | **Datum:** _____ | **Nr.** ____

3. Vergleiche einmal genau **Bild 1** mit **Bild 3**. Wie ergeht es den beiden Tieren anfänglich, dann später? Trage die folgenden Stichpunkte sinngemäß ins Schaubild ein:

- ist anfänglich zufrieden - friert sehr stark - ist zufrieden und bleibt - findet es unerträglich

Am Anfang der Geschichte: **Am Ende der Geschichte:**

Igel: Maulwurf:

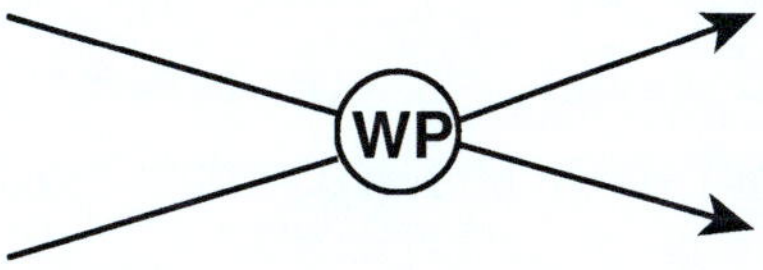

_____   (WP)   _____

Maulwurf: Igel:

_____   _____

Du siehst: Aus dem anfänglich frierenden Igel ist zum Schluss ein zufriedener Igel geworden. Am Anfang ist der Maulwurf zufrieden, am Schluss unglücklich. Die Situationen haben sich geändert, **gewendet**.

Man sagt: Diese Fabel hat einen **Wendepunkt** (WP).

Merke!

4. Was hat deiner Meinung nach der Maulwurf falsch gemacht? Gib ihm einen **Ratschlag**.

_____

_____

5. Schreibe eine spannende **Fortsetzungsgeschichte**. Werden die beiden Tiere miteinander kämpfen oder sich friedlich einigen? Zeichne ein passendes Bild dazu.

„Ich bleibe!", sprach der Igel. ...

D	Name: _____	Klasse: ____	Datum: _____	Nr. ____

Die kleinen Kolosse der Savanne

Stefan Greschik

Bei ihrer Geburt wiegen sie rund *100* Kilo, sind einen Meter groß und haben riesige Segelohren - die Babys der afrikanischen Elefanten. Die großen Kleinen sind gut auf das Leben in der Wildnis vorbereitet: Kaum auf der Welt, können sie laufen, riechen und trinken. Nur die Rüssel bekommen sie nicht gleich in den Griff.

Gleich nach der Geburt versucht die Mutter, dem Kleinen mit ihrem Rüssel auf die Beine zu helfen. Nach ein, zwei Stunden muss das Kalb dann schon selbst laufen können - denn die Herde zieht ständig weiter, um Futter zu suchen. Kaum steht das Riesenbaby einigermaßen sicher, versucht es, Milch von der Mutter zu bekommen. Gar nicht so einfach, wenn immer dieser blöde Rüssel im Weg hängt! Knapp zehn Liter Milch trinken die Jungen am Tag. Erst nach ungefähr zwei Jahren müssen sie sich auf Blätter oder Gras umstellen. Elefanten sind übrigens leidenschaftliche Fresssäcke. Mehr als *100* Kilo Futter stopfen erwachsene Tiere täglich in sich hinein.

Ein Elefantenkind ist von Geburt an der „Star" seiner Herde. Nicht nur die Mutter kümmert sich um den kleinen Koloss - es gibt auch immer genügend Tanten oder Schwestern, die liebend gern „Babysitter" spielen: Schläft das Baby, stehen die Großen Wache, stiefelt es zu tief in ein Wasserloch, wird es garantiert von ein paar starken Rüsseln zurückgezogen, und stirbt seine Mutter, wird das Jungtier sogar oft von einem anderen Weibchen „adoptiert".

Außerdem sind die älteren Elefanten unendlich geduldige Lehrer - denn die Kleinen wollen alles nachmachen und ausprobieren. Ob das gut schmeckt, was die Tante da gerade frisst? Um das festzustellen, pult ein Mini-Elefant schon mal mit dem Rüssel im Maul seiner Verwandten herum. Und wie schaffen es die Erwachsenen nur, am Wasserloch ihren Rüssel voll zu saugen und sich den Inhalt lässig ins Maul zu spritzen? Kleine Elefanten müssen das wieder und wieder üben - angeboren ist ihnen dieser Trink-Trick nicht! Manche sind zwischendurch so entnervt, dass sie sich doch lieber gaaanz tief mit dem Kopf nach unten beugen, um mit dem Mund zu trinken - was nicht selten mit einer Art Purzelbaum endet.

Aber das Größte für kleine Elefanten ist natürlich, mit Gleichaltrigen zu spielen: nachlaufen, am Schwanz ziehen oder Rüssel-Ringkämpfe austragen zum Beispiel. Manche Spiele sehen allerdings ziemlich ernst aus. Dann stehen die Jungtiere Stirn an Stirn und blicken so drohend und finster wie Elefantenbabys nur gucken können. Das haben sie bei den großen Bullen abgeguckt, wenn diese ihre Streitigkeiten austragen.

| **D** | Name: _____ | Klasse: ____ | Datum: _____ | Nr. ____ |

1. Kreuze die richtigen Antworten an und finde das Lösungswort.

Großes Elefantenquiz

a) Sind Elefantenbabys nach der Geburt auf die Wildnis vorbereitet?

- • Sie können lange Zeit kaum stehen und laufen.   O K
- • In kurzer Zeit können sie laufen, riechen und trinken.   O R

b) Gleich nach der Geburt müssen die Kleinen laufen können,

- • damit sie bald mit Gleichaltrigen spielen können.   O Z
- • weil die Elefantenherde ständig in der Savanne weiterzieht.   O Ü

c) Wie ernähren sich die jungen Elefanten?

- • Erst nach einem Jahr fressen sie Blätter und Gras.   O A
- • In den ersten zwei Jahren trinken die Jungen nur Milch.   O S

d) Ein Elefantenkind ist von Geburt an der Star seiner Herde,

- • denn nur die Mutter kümmert sich um die kleinen Kolosse.   O F
- • Mutter, Tanten und Schwestern spielen gerne Babysitter.   O S

e) Woran erkennst du, dass ältere Elefanten geduldig sind?

- • Der Mini-Elefant darf im Maul seiner Verwandten herumpulen.   O E
- • Die Elefantenkuh trompetet, wenn die Jungen rangeln.   O M

f) Beim Spielen blicken Elefantenbabys manchmal so drohend.

- • Sie wollen ihren Spielgefährten etwas Angst einjagen.   O L
- • Elefantenbabys drohen ihren Feinden, Geiern und Löwen.   O N

Lösungswort: ___ ___ ___ ___ ___ ___   Richtig gerüsselt?

2. Begründe, warum die Elefantenmutter gleich nach der Geburt versucht, ihr Kleines mit ihrem Rüssel auf die Beine zu helfen.

_____

_____

3. Warum ist es für junge Elefanten so schwierig, den **Trink-Trick** zu lernen? Wieso machen sie dabei oft einen Purzelbaum?

_____

_____

4. Beschreibe ausführlich **ein** Spiel, das die Elefantenbabys gern spielen.

_____

_____

D	Name: _____	Klasse: ____	Datum: _____	Nr. ____

5. Du kannst jetzt **reimen** lernen. Schreibe auf die Leerzeilen die richtigen **Reimwörter**.

Ohren - trinken - am Tag - kreuz und quer - winken
sehr - mag - schmoren - kaum - hin und her - mehr -
Purzelbaum

Reim mit Baby Bimbo!

- Kaum auf der Welt kann ich laufen, riechen und _____.
  Auch mit dem Rüssel kann ich schon _____.
- Mit meiner Mama lauf ich _____ _____ _____,
  durch die heiße Savanne _____ _____ _____.
- Ich hab' halt große _____,
  denn ich will nicht in der Hitze _____.
- Knappe 10 Liter Milch trink ich _____ _____,
  das ist alles, was ich _____.
- Mit dem Rüssel Wasser trinken, das kann ich _____,
  denn das endet oft mit einem _____.
- Meine Mama liebt mich _____.
  Auch meine Tanten und Schwestern mögen mich immer _____.

6. Schreibe selbst lustige Reime über Baby Bimbo auf, wie es in der Herde lebt.

Rüsselreim:

_____

_____

Ohrenreim:

_____

_____

Stoßzähnereim:

_____

_____

Trompetenreim:

_____

_____

| **D** | Name: _____ | Klasse: ____ | Datum: _____ | Nr. ____ |

7. Bilde mündlich - anhand der Stichpunkte - Sätze über den Elefanten.

Name: Afrikanischer Elefant

Lebensraum: Afrika - Savannen - Wälder

Größe: bis 4 m hoch, 7 m lang

Gewicht: 4 bis 6 Tonnen schwer

Aussehen: plumper Rumpf - säulenförmige Beine - kurzer Hals - riesengroße Ohren - langer Rüssel - zwei Stoßzähne - Schwanz

Lebensweise: Herdentier - pro Tag: 18 Std. fressen, 3 Std. wandern, 3 Std. ruhen - Elefanten kümmern sich um ihre Jungen

Ernährung: Blätter, Gras, Früchte, Wurzeln, 200 Liter Wasser pro Tag

8. Beschreibe möglichst genau den afrikanischen Elefanten und wie er in der Savanne von Afrika lebt.

Der afrikanische Elefant

Name
Raum
Größe
Gewicht
Aussehen
. . . .
. . . .
. . . .
. . . .
Lebens-
weise
. . . .
. . . .
. . . .
Ernährung
. . . .
. . . .
Was ich
sonst
über
Elefanten
weiß

D Name: _____ Klasse: ____ Datum: _____ Nr. ____

Wie lebt das Eichhörnchen im Wald?

Das Eichhörnchen ist ein weit verbreitetes, baumbewohnendes Nagetier und wird deshalb auch Baumhörnchen genannt. In Europa kommt das gemeine Eichhörnchen vor, das so genannte Eichkätzchen. Es hat im Sommer ein fuchsrotes, im Winter ein grau durchfärbtes Fell, das sehr dicht und geschmeidig ist. Lediglich der Bauch ist stets weiß. Die Kinder lieben es, weil es so putzig ausschaut. Mehrmals am Tag putzt es sich vom Kopf bis zur Schwanzspitze.

Das Eichhörnchen hat einen schlanken, zierlichen Körper, einen kurzen Hals, einen feingliedrigen Kopf und einen buschigen Schwanz. Besonders auffallend sind die nach oben gerichteten Ohren. Diese tragen an ihren Spitzen pinselartige Haarbüschel. Das flinke Tier hat große braune Augen, ein rundliches Maul mit spitzen Nagezähnen und Schnurrhaare wie eine Katze.

Im Wald kann das Eichhörnchen vorzüglich leben, weil es hierfür gut angepasst ist. Viele Kinder staunen, wenn sie ein Eichhörnchen beobachten, was diese flinken Tiere alles können: meterweit springen, geschwind auf Bäume klettern, geschickt auf Ästen balancieren, akrobatisch in Baumwipfeln turnen, waghalsig von Baum zu Baum fliegen, Nüsse knacken.

Warum kann das Eichhörnchen am Baumstamm mit dem Kopf voran hurtig hinauf- und sogar hinabklettern? An den Pfoten hat es Zehen, an denen sich scharfe, sichelförmige Krallen befinden, mit denen es sich am Stamm festhaken kann.

Das Eichhörnchen kann gut räumlich sehen, damit es beim Sprung von Baum zu Baum die Entfernung richtig einschätzen kann. Mit kräftigen Hinterläufen stößt es sich vom Ast ab und springt bis zu drei Meter weit bis zum nächsten Ast. Sein buschiger Schwanz steuert beim Flug und bremst bei der Landung. Beim Klettern am Baumstamm, aber auch beim Laufen am Boden hilft der buschige Schwanz zudem, das Gleichgewicht zu halten, damit es nicht stürzt. Im Urwald gibt es sogar Flughörnchen, die zwischen Vorder- und Hinterbeinen eine Flughaut ausspannen und bis zu 50 m weit segeln können.

Jede der beiden Vorderpfoten mit den beweglichen Krallen dient dem Eichhörnchen als Hand. Beim Fichtenzapfen nagt es mit seinen meißelförmigen Schneidezähnen die Schuppen fein säuberlich ab, bis nur noch eine Spindel übrig bleibt. Der Specht dagegen zerhackt den Fichtenzapfen mit seinem spitzen Schnabel. Sein Nest baut es im Baumwipfel aus Zweigen und Ästen. Das kugelförmige Nest, auch Kobel genannt, wird im Innern mit Gras, Blättern, Moos und Haaren ausgepolstert. Dort bringt es seine drei bis sieben Jungen zur Welt. Für die Eichhörnchenkinder gibt es in der Nähe einen Spielkobel.

| D | Name: _____ | Klasse: ____ | Datum: _____ | Nr. ____ |

1. Beschrifte die **Körperteile** des **Eichhörnchens** und schreibe die passenden **Eigenschaftswörter** dazu.

> sichelförmige - pinselartige - buschiger - kräftige - meißelförmige -
> Hinterbeine - Schneidezähne - Krallen - Ohren - Schwanz

_____

_____

_____

_____

_____

_____

_____

_____

2. Lies den Text nochmals durch. Präge dir jede Einzelheit gut ein. Ergänze sodann den **Lückentext**.

Das Eichhörnchen wird auch _____ oder _____ genannt.

Es ist ein __ __ __ __ tier und lebt auf _____. Täglich putzt es sich vom _____

bis zur _____. Im Sommer hat es ein _____ Fell, im Winter ein

_____ Fell. Mit seinen Schneidezähnen nagt es die _____ des

Fichtenzapfens ab. Der Specht dagegen _____ den Zapfen mit seinem spitzen

Schnabel. Das Nest des Eichhörnchens wird _____ genannt.

11 Punkte

Meine Punktzahl: _____   Gehörst du zur Gruppe der „Kiefernzapfen"?

 Kiefernzapfen	 Walnuss	 Eicheln	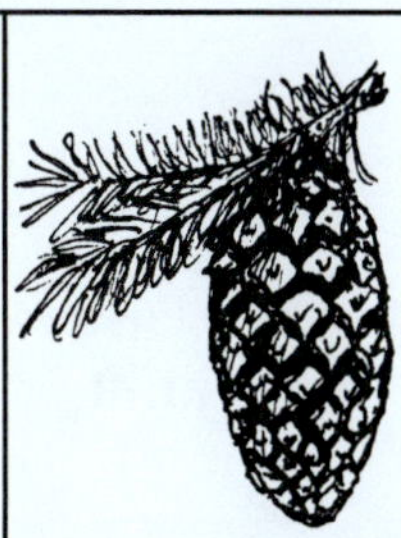 Fichtenzapfen	 Haselnüsse
11 Punkte	10 Punkte	9 Punkte	8 Punkte	7 Punkte

3. Kreuze die Begriffe an, die **nicht** stimmen. Das Eichhörnchen hat:

O einen schlanken Körper   O blaue Augen   O einen kurzen Hals

O einen grauen Bauch   O im Winter ein rotes Fell   O meißelförmige Krallen

O sichelförmige Zähne   O ein rundes Maul

| **D** | **Name:** _____ | **Klasse:** ____ | **Datum:** _____ | **Nr.** ____ |

4. Das Eichhörnchen ist ein wahrer Akrobat in der Baumwelt. Beschreibe genau seinen **Absprung**, seinen **Flug** und seine **Landung**.

Warum kann das Eichhörnchen so weit springen?

5. Die **Körperteile** und **Sinnesorgane** des Eichhörnchens sind wie geschaffen für ein Leben auf Bäumen. Beantworte die Wozu-Fragen.

Wozu braucht ein Eichhörnchen

... seinen buschigen Schwanz?

... seine sichelförmigen Krallen an den Zehen?

... seine meißelförmigen Schneidezähne?

... seine kräftigen Hinterläufe?

... seine Ohren im Wald?

... seine Augen beim Springen?

| **D** | **Name:** _____ | **Klasse:** ____ | **Datum:** _____ | **Nr.** ____ |

6. Verfasse eine **Niederschrift**. Schreibe auf, was du dir zum Thema Eichhörnchen ge-merkt hast. Denke dir selbst eine **Überschrift** aus. Male das Bild farbig aus und gestalte einen zum Wald passenden Zierrahmen.

| **D** | **Name:** _____ | **Klasse:** ____ | **Datum:** _____ | **Nr.** ____ |

Frederick

Leo Lionni

Rund um die Wiese herum, wo Kühe und Pferde grasten, stand eine alte, alte Steinmauer. In dieser Mauer – nahe bei Scheuer und Kornspeicher – wohnte eine Familie schwatzhafter Feldmäuse. Aber die Bauern waren weggezogen, Scheuer und Kornspeicher standen leer. Und weil es bald Winter wurde, begannen die kleinen Feldmäuse Körner, Nüsse, Weizen und Stroh zu sammeln. Alle Mäuse arbeiteten Tag und Nacht. Alle – bis auf Frederick.

„Frederick, warum arbeitest du nicht?", fragten sie. „Ich arbeite doch", sagte Frederick, „ich sammle Sonnenstrahlen für die kalten, dunklen Wintertage." Und als sie Frederick so dasitzen sahen, wie er auf die Wiese starrte, sagten sie: „Und nun, Frederick, was machst du jetzt?" „Ich sammle Farben", sagte er nur, „denn der Winter ist grau."

Und einmal sah es so aus, als sei Frederick halb eingeschlafen. „Träumst du, Frederick?", fragten sie vorwurfsvoll. „Aber nein", sagte er, „ich sammle Wörter. Es gibt viele lange Wintertage – und dann wissen wir nicht mehr, worüber wir sprechen sollen."

Als nun der Winter kam und der erste Schnee fiel, zogen sich die fünf kleinen Feldmäuse in ihr Versteck zwischen den Steinen zurück. In der ersten Zeit gab es noch viel zu essen und die Mäuse erzählten sich Geschichten über singende Füchse und tanzende Katzen. Da war die Mäusefamilie ganz glücklich!

Aber nach und nach waren fast alle Nüsse und Beeren aufgeknappert, das Stroh war alle und an Körner konnten sie sich kaum noch erinnern. Es war auf einmal sehr kalt zwischen den Steinen der alten Mauer und keiner wollte mehr sprechen. Da fiel ihnen plötzlich ein, wie Frederick ...

1. Die Mäuse erinnerten sich an das, was Frederick im Herbst getan hatte.

- Er sammelte _____
  für die _____ , _____ _____ .

- Er sammelte _____ ,
  denn _____ .

- Er sammelte _____ .
  Es gibt _____ _____ _____ .

Frühling	-	Blüten
Sommer	-	Blumen
Herbst	-	Nüsse
Winter	-	kalte Füße

| **D** | Name: _____ | Klasse: ____ | Datum: _____ | Nr. ____ |

Da fiel ihnen plötzlich ein, wie Frederick von Sonnenstrahlen, Farben und Wörtern gesprochen hatte. „Frederick", riefen sie, „was machen deine Vorräte?" „Macht die Augen zu", sagte Frederick und kletterte auf einen großen Stein. „Jetzt schicke ich euch die Sonnenstrahlen. Fühlt ihr schon, wie warm sie sind? Warm, schön und golden?" Und während Frederick so von der Sonne erzählte, wurde den vier kleinen Mäusen schon viel wärmer.

„Und was ist mit den Farben, Frederick?", fragten sie aufgeregt. „Macht wieder eure Augen zu", sagte Frederick. Und als er von blauen Kornblumen und roten Mohnblumen im gelben Kornfeld und von grünen Blättern am Beerenbusch erzählte, da sahen sie die Farben so klar und deutlich vor sich, als wären sie aufgemalt in ihren kleinen Mäuseköpfen.

„Und die Wörter, Frederick?" Frederick räusperte sich, wartete einen Augenblick und dann sprach er wie von einer Bühne herab:

„Wer streut die Schneeflocken? Wer schmilzt das Eis?

Wer macht lautes Wetter? Wer macht es leis?

Wer bringt den Glücksklee im Juni heran?

Wer verdunkelt den Tag?

Wer zündet die Mondlampe an?

Vier kleine Feldmäuse wie du und ich

wohnen im Himmel und denken an dich.

Die Erste ist die Frühlingsmaus,

die lässt den Regen lachen.

Als Maler hat die Sommermaus die Blumen

bunt zu machen.

Die Herbstmaus schickt Nuss und Weizen schöne Grüße.

Pantoffeln braucht die Wintermaus für ihre kalten Füße.

Frühling, Sommer, Herbst und Winter sind vier Jahreszeiten.

Keine weniger, keine mehr. Vier verschiedene Fröhlichkeiten."

Als Frederick aufgehört hatte, klatschten alle und riefen: „Frederick, du bist ja ein Dichter." Frederick wurde rot, verbeugte sich und sagte bescheiden: „Ich weiß es – ihr lieben Mäusegesichter!"

Glückskleeblatt

2. Du weißt jetzt, welche Vorräte die fünf Mäuse für den Winter gesammelt hatten. Ergänze.

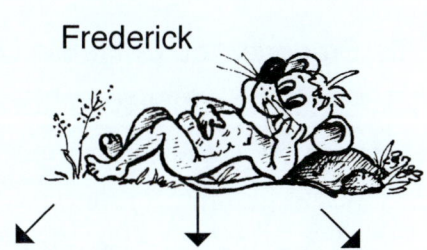
Frederick

_____ _____ _____ _____ _____

D	**Name:** _____	**Klasse:** ___	**Datum:** _____	**Nr.** ___

3. Der Winter kam. Die Vorräte der Mäuse gingen langsam zu Ende. Deshalb riefen die Mäuse: „Frederick, was machen deine Vorräte?"

Betrachte das Bild und beschreibe es mündlich. Wie wirkten die gesammelten **Sonnenstrahlen** auf die Mäuse. Wie fühlten sich die Mäuse?

Im Winter:

Macht die Augen zu! Ich schicke euch Sonnenstrahlen.

So warm.   *Schön!*   *So golden!*   *Wie warm!*

Fast alle Vorräte sind aufgeknappert.

4. „Und was ist mit den Farben, Frederick?", fragten die Mäuse.

Trage in die Leerstellen die richtigen **Farben** ein.

O O   Frederick erzählte von _____ Kornblumen und _____

O O   Mohnblumen im _____ Kornfeld und von _____ Blättern

O O   am Beerenbusch.

5. Als Frederick schließlich noch Gedichte vortrug, klatschten alle Mäuse Beifall. Schreibe auf, warum sich die Mäuse über die gesammelten Sonnenstrahlen, Farben und Wörter von Frederick so freuten, obwohl er für den Winter **keine** Körner, **keine** Nüsse und **keinen** Weizen gesammelt hatte.

_____

_____

_____

6. „Frederick, du bist ja ein Dichter!", riefen die Mäuse.

Ich weiß.

„Ich weiß es – ihr lieben Mäusegesichter!"

Kreuze an, welche **Eigenschaften** auf Frederick zutreffen.

O bescheiden   O unterhaltsam   O einfühlsam   O angeberisch

O hochmütig   O frech   O verschämt   O nett

| **D** | **Name:** _____ | **Klasse:** ____ | **Datum:** _____ | **Nr.** ____ |

7. Die vier Mäuse haben sich auf den Winter vorbereitet und Vorräte für ihre Ernährung gesammelt. Aber Frederick hat sich auch auf den Winter vorbereitet und zum Beispiel Wörter für ein Gedicht gesammelt. Wofür hat er gesorgt?

_____

_____

8. Am Anfang der Geschichte fragen die Mäuse Frederick, warum er nicht arbeite. Jetzt können wir etwas anderes sagen. Kreuze an.

a O Die vier Mäuse brauchen Frederick nicht im Winter.

b O Frederick und die übrigen Mäuse brauchen einander.

9. Eine Geschichte, in der Tiere wie Menschen sprechen, wird als __ __ __ __ __ bezeichnet. Der Dichter Leo Lionni will auch dir als Leser etwas sagen. Kreuze an, welche Sätze zur **Lehre** dieser **Fabel** passen.

a O Menschen brauchen Nahrung, aber auch Spaß mit Freunden.

b O Im Leben ist nur Essen wichtig, nicht Unterhaltung mit Freunden.

c O Tiere und Menschen brauchen Zuwendung und Liebe durch andere.

d O Menschen können glücklich sein, wenn sie nur Nahrung haben.

10. „Und die Wörter, Frederick?", fragten die Mäuse. Du darfst die Fragen von Frederick beantworten.

M ä u s e q u i z

Wer streut die Schneeflocken?

_____ 1 P.

Wer schmilzt das Eis?

_____ 1 P.

Wer macht lautes Wetter?

_____ 1 P.

Wer bringt den Glücksklee im Juni heran?

_____ 1 P.

Wer verdunkelt den Tag?

_____ 1 P.

Wer zündet die Mondlampe an?

_____ 1 P.

Du bist **Mäusekönig**, wenn du **6 Punkte** erreicht hast.

D Name: _____   Klasse: ____ Datum: _____ Nr. ____

Der *gute* Räuber Willibald

Rudolf Otto Wiemer

Hallo! Ich heiße Manni, bin acht Jahre alt und lese abends gern spannende Geschichten in dem Bilderbuch vom Räuber Willibald.

Lies, was im Klappentext des Buches steht.

Nachts klettert der Räuber Willibald aus Mannis Bilderbuch: ein Räuber mit spitzem Hut und Federbusch. Er hat eine lange, schnüffelige Nase, Mäuseaugen, einen struppeligen Bart, Haare über dem ganzen Gesicht. Lederhandschuhe. Und schnäblige Stiefel mit Sporen dran.

Willibald ist wütend, weil Manni am Bett zu seiner Mutter gesagt hat, vielleicht sei Willibald gar kein böser Räuber, sondern ein guter Räuber. Ob dies stimmt?

1. Abenteuer:

Manni schielt über die Bettdecke. Er sieht den Räuber Willibald, wie er gerade aus dem Bilderbuch klettert. Zuerst streckt er den linken Stiefel vor, dann den rechten. Er rollt die Augen und schnuppert. Er schüttelt sich. Der Spitzhut sitzt schief. Und der riesige Bart, der wie eine Halskrause aussieht, wird noch struppiger als vorher.

„Warum bleibst du nicht in meinem Bilderbuch?", fragt Manni. „Weil ich einen Zorn auf dich habe! Einen schrecklichen Zorn! Guter Räuber, hast du gesagt! Wie kommst du dazu, so etwas Dummes zu sagen?" Willibald springt auf den Tisch. Er sieht jetzt nicht gerade freundlich aus. „Ich will dir zeigen, dass ich ein richtiger Räuber bin! Ein böser Räuber, verstehst du?"

„Das glaube ich nicht", sagt Manni. „Du siehst wie ein guter Räuber aus." „Guter Räuber? Willst du mich verhöhnen, Bursche? Weißt du nicht, dass Räuber Böses tun müssen? Sonst sind sie keine!" „Du tust bestimmt nichts Böses", sagt Manni. „Hoho! Das werde ich dir gleich zeigen. Ich werde zum Bäcker gehen und ein Brot stehlen." „Wann?" „Jetzt gleich. Kommst du mit?" „Ich muss schlafen", sagt Manni. „Gut, dann gehe ich allein. Räuber gehen meist allein."

„Nimmst du auch die Pistole mit?" „Natürlich, Räuber gehen nie ohne Pistole." „Wo ist sie?" „Da, im Gürtel. Und das Messer im Stiefelschaft." „Du willst wirklich ein Brot stehlen? Vielleicht hast du Hunger?" „I was! Ich bin pumpesatt." „Weshalb stiehlst du dann?" „Weil das zu einem Räuber gehört."

| **D** | Name: _____ | Klasse: ____ | Datum: _____ | Nr. ____ |

1. Kannst du dich erinnern, wie der Räuber aus dem Bilderbuch ausschaut? Löse das Räuberquiz. Kreuze die richtigen Wörter an.

R ä u b e r q u i z

Der Räuber hat O eine breite Stupsnase (E), O eine lange Nase (W).

Seine Augen schauen aus O wie Mäuseaugen (I), O wie Katzenaugen (Z).

Willibald hat einen O gepflegten Bart (M), O struppeligen Bart (L) und er trägt

O Wollhandschuhe (H), O Lederhandschuhe (L).

Seine Stiefel haben O Sporen (I), O Haken (B) und sein O spitzer (B), O stumpfer (N)

Hut hat O eine lange Feder (A), O einen Fichtenzweig (F) dran.

Die Haare fallen O über sein ganzes Gesicht (L), O über sein halbes Gesicht (T).

Sein Bart sieht aus O wie ein Wollschal (R), O wie eine Halskrause (D).

Lösungswort: __ __ __ __ __ __ __ __

2. Du weißt, worüber sich Manni und der Räuber unterhalten. Kreuze richtig an.

Ich bin ...

Du bist ...

a) Der Räuber ist wütend, weil Manni immer wieder behauptet.

   O Willibald ist ein böser Räuber.

   O Ein guter Räuber ist Willibald.

b) Willibald ist von sich überzeugt,

   O ein guter Räuber zu sein.

   O ein böser Räuber zu sein.

3. Was glaubst du, wie die Geschichte weitergeht?

Wird Willibald ein **böser** Räuber sein und Brot beim Bäcker stehlen? Oder wird Willibald – wie Manni meint – ein **guter** Räuber sein und beim Bäcker statt Brot zu stehlen, vielleicht etwas Gutes tun?

Schreibe eine **Fortsetzungsgeschichte** zum 1. Abenteuer von Willibald.

Weiter!

| **D** | Name: _____ | Klasse: ____ | Datum: _____ | Nr. ____ |

Willibald klettert am Tischbein herunter. „Ich gehe jetzt los. Weil jetzt die richtige Räuberzeit ist. Kein Mond, kein Stern. Alles stockdunkel. Du kannst ja inzwischen schlafen."

Willibald schleicht hinaus auf die stockdunkle Gasse. Nichts ist zu hören. Nur ein Käuzchen schreit: „Komm mit! Komm mit!" „Ich habe keine Zeit", sagt Willibald. „Ich muss stehlen." Das Käuzchen wackelt erschrocken mit dem Kopf. „Aber das tut doch kein anständiger Mensch!" „Ich bin kein anständiger Mensch", sagt Willibald, „ich bin ein Räuber." „Wen willst du denn bestehlen?" „Bäcker Kräpfel."

„Pfui!"

„Pfui, Willibald!", schreit das Käuzchen. „Bäcker Kräpfel ist doch ein guter Mensch! Ich kenne ihn. Ich wohne nämlich in seinem Holzschuppen. Kannst du dir nicht einen anderen aussuchen?" „Tut mir Leid", sagt Willibald. Er wendet sich kurzerhand um und geht die zweite Gasse hinunter bis zur Bäckerei Kräpfel. Da ist Licht im Fenster. Willibald schleicht über den Hof. Er öffnet den Riegel zur Vorratskammer. Doch als er hineingehen will, stolpert er über die Schwelle.

Das muss der Bäcker gehört haben. Er leuchtet in die Vorratskammer und sagt: „Ich habe mir beinahe gedacht, dass ich heute noch Besuch kriege." Willibald sagt: „Ich will dich nicht besuchen, Bäcker. Ich will stehlen."

Bäcker Kräpfel lacht: „Liebe Zeit! Du bist ja ein Spaßvogel!" Er muss so sehr lachen, dass alles an ihm wackelt. Die Jacke, die Mütze, die Schürze, die Hosenbeine. Doch plötzlich zuckt er zusammen.

„Auah! Auah!" Er presst die Hände auf den Rücken und stöhnt. „Tut dir was weh?", sagt Willibald. „Das verdammte Rheuma!" Der Bäcker lässt sich auf einen Polsterstuhl sinken. „Was ist los? Kannst du nicht mehr stehen?" Nein, der Bäcker kann nicht. Er stöhnt immer mehr. „Ist es so schlimm?", fragt Willibald. Der Bäcker nickt. „Und das Schlimmste: Morgen wird das ganze Dorf ohne Brot sein. Die Leute müssen hungern." „Die Kinder auch?" „Natürlich." „Das geht nicht", sagt Willibald. „Du musst backen, Bäcker."

Kräpfel blickt den Räuber verzweifelt an. „Du hast gut reden. Aber wer knetet mir den Teig, he?" Willibald beginnt den Brotteig zu kneten – macht die Brote rund – schiebt sie in den Ofen – holt braune Brote aus dem Ofen.

Der Bäcker schiebt Willibald als Lohn ein Brot unter den Arm. „Woher hast du das Brot?", sagt Manni, als der Räuber nach Hause kommt. „Gestohlen, natürlich", brummt Willibald.

| **D** | **Name:** _____ | **Klasse:** ____ | **Datum:** _____ | **Nr.** ____ |

4. In der stockdunklen Gasse beschimpft ein Käuzchen den Räuber, weil dieser den Bäcker Kräpfel bestehlen will. Es schreit: „Pfui, Willibald!"

Schreibe auf, warum das Käuzchen so erbost ist.

_____

_____

5. Kreuze alle **Gründe** an, warum der Räuber Willibald den Bäcker nicht mehr bestehlen will, ihm sogar helfen will.

a O   Bäcker Kräpfel hat eine schlimme Krankheit, sie heißt Rheuma.

b O   Der Bäcker stellt sich unbeholfen bei der Arbeit an.

c O   Das ganze Dorf müsste sonst morgen ohne Brot auskornmen.

d O   Der Bäcker hat keine Lust, den Teig zu kneten.

e O   Willibald will nicht, dass Kinder morgen hungern.

6. Schreibe der Reihe nach auf, wie Willibald Brot bäckt.

* _____

* _____

* _____

* _____

7. Der Bäcker schiebt Willibald ein Brot unter den Arm

    O als Geschenk.   O als Lohn.   O als Anerkennung.

8. Als der Räuber wieder nach Hause kommt, fragt ihn Manni, woher er das Brot hat. Warum gibt Willibald zur Antwort, dass er das Brot gestohlen hat?

Gestohlen, natürlich!

Deine Vermutung:

_____

_____

_____

_____

_____

9. Jetzt kannst du sicher den folgenden **Lückentext** sinnvoll ergänzen.

Willibald ist wütend, weil Manni zu seiner Mutter gesagt hat, vielleicht sei Willibald ein

_____ Räuber. Dem Manni will Willibald beweisen, dass er ein _____

Räuber ist. Doch als Willibald seinen _____ Plan ausführen will, macht er eine

_____ Tat. Willibald will ein _____ Räuber sein, es gelingt ihm aber nicht.

Hast du 5 Punkte erreicht?

| **D** | Name: _____ | Klasse: ____ | Datum: _____ | Nr. ____ |

„Es trifft sich gut", sagt Willibald, als es zum dritten Mal Abend wird, „dass dort neben dem Ofen eine Schachtel Streichhölzer liegt."
„Was willst du damit?", fragt Manni. ...

10. Erzähle **mündlich** mithilfe der Bilder das dritte Abenteuer von Räuber Willibald.

Willibald will dem Manni beweisen, dass er ein böser Räuber ist. Doch ob ihm das gelingt?

Willibald will einen Heustall anzünden

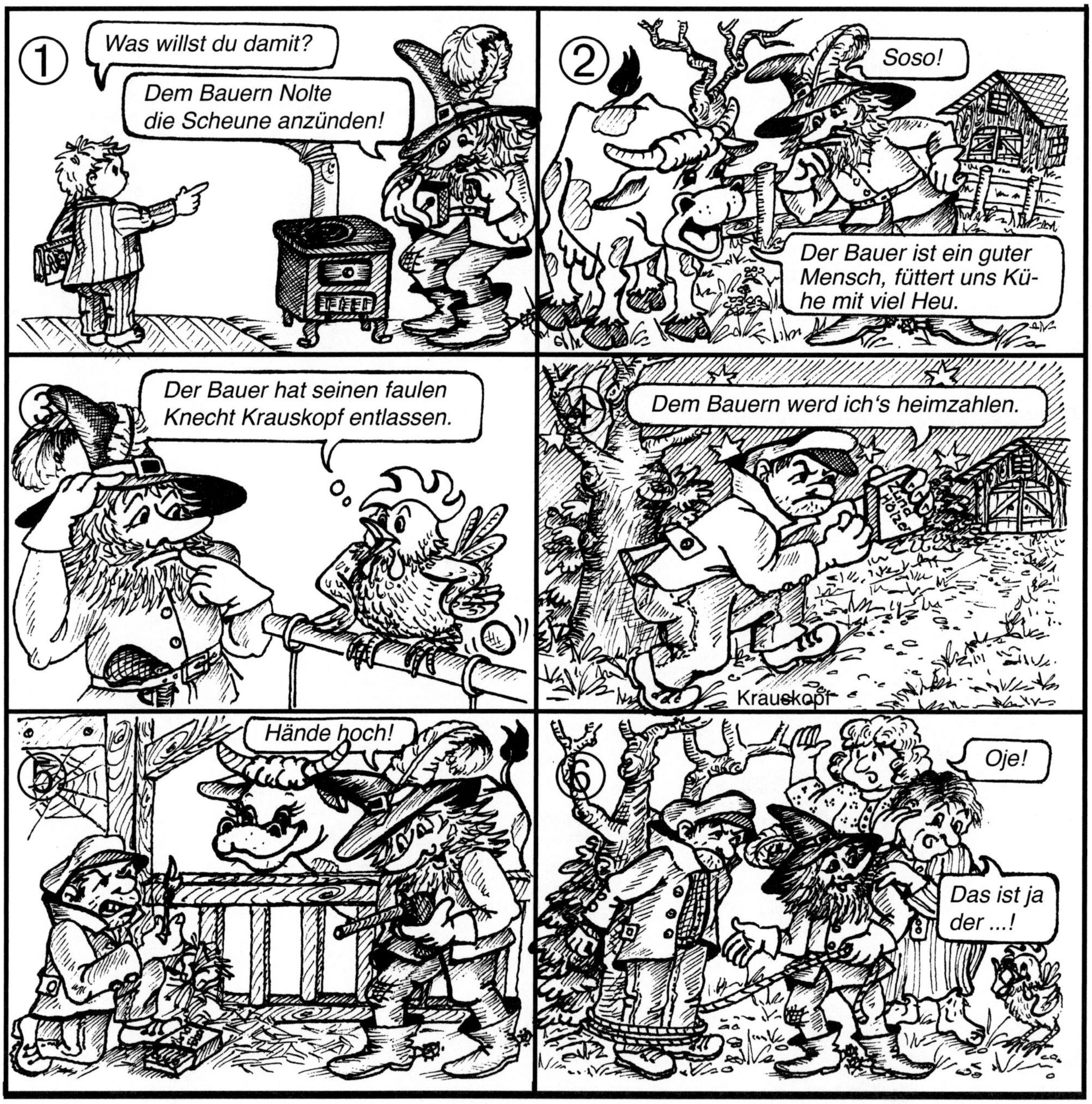

① Was willst du damit?
Dem Bauern Nolte die Scheune anzünden!

② Soso!
Der Bauer ist ein guter Mensch, füttert uns Kühe mit viel Heu.

Der Bauer hat seinen faulen Knecht Krauskopf entlassen.

Dem Bauern werd ich's heimzahlen.

Krauskopf

Hände hoch!

Oje!
Das ist ja der ...!

Und die neun Kinder von Bauer Nolte rufen aus dem oberen Fenster: „Schenk ihm was! Schenk dem guten Räuber Willibald was!"

D	Name: _____	Klasse: ____	Datum: _____	Nr. ____

11. Schreibe eine spannende **Bildergeschichte**.

Beschreibe dabei genau den **Inhalt** eines jeden Bildes und die **Übergänge** zu den Bildern. Gib Hinweise auf den **Sinn** der Geschichte. Verwende die **wörtliche Rede** und **Ausrufe-sätze**. Gebrauche treffende **Zeitwörter**. **Eigenschaftswörter** geben Gefühle wieder.

Willibald will einen Heustall anzünden

Manni fragt Willibald.

Der Räuber plant Böses.

Auf dem Weg zur Scheune begegnet er einer Kuh, erfährt etwas über Bauer Nolte.

Willibald trifft einen Hahn, bekommt etwas über Knecht Krauskopf gesagt.

Krauskopf will - aus Rache - Scheune anzünden.

Es brennt.

Willibald stellt Krauskopf, löscht Feuer.

Aufregung im Tierstall

Krauskopf gefesselt

Willibald erhält Schwartenwurst.

Ist sie gestohlen?

Glaubt Manni dem Räuber?

Ist Willibald ein böser / ein guter Räuber?

Weiter!

| **D** | **Name:** _____ | **Klasse:** ___ | **Datum:** _____ | **Nr.** ___ |

Inhaltsverzeichnis: Arbeitsblätter

Nr.	Themen - Überschriften	Datum:	Erledigt?
1.			
2.			
3.			
4.			
5.			
6.			
7.			
8.			
9.			
10.			
11.			
12.			
13.			
14.			
15.			
16.			
17.			
18.			
19.			
20.			
21.			
22.			
23.			
24.			
25.			
26.			
27.			
28.			
29.			
30.			
31.			
32.			
33.			
34.			
35.			
36.			
37.			
38.			

Alles gesammelt?

Lösungen

zu

Gerhard Kempf

Textknacker

**Lesetexte besser verstehen
und
kreativ schreiben können**

3. Jahrgangsstufe

Lösungen zu allen Arbeitsblättern

6	**Kimis Flug ins Ungewisse**

Info-Text: **Weltraum**

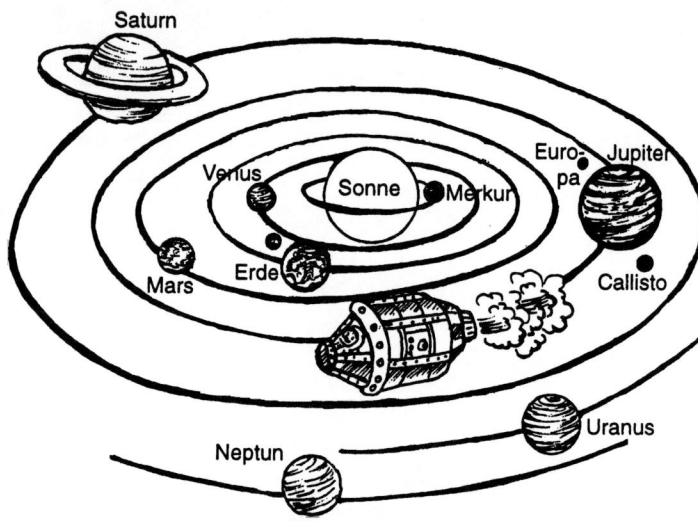

Unser Planetensystem entstand vor rund 5 Milliarden Jahren. Neun Planeten kreisen um die Sonne herum. Sie laufen vergleichsweise wie auf den Rillen einer Schallplatte in unterschiedlichen Abständen um den Mittelpunkt. Unsere Erde ist der 3. Planet, der Mars der 4. Planet. Der Planet Jupiter wird von zwölf Monden begleitet. Seine vier bekanntesten Monde heißen: Io, Europa, Callisto, Ganymed.

7 **1. Fortsetzungsgeschichte:**

Kaum ist die feurige Kugel hinter der Bergkuppe verschwunden, da blitzt es auch schon und ein dumpfes Donnergrollen ist zu hören. Eine riesige, rötlich schimmernde Staubwolke braust auf die Ausflügler zu und hüllt sie ein. Eine unheimliche Dunkelheit umgibt sie. Das Notsignal 27, 11, 3 ist Gott sei Dank von der Marsstation empfangen worden. Hastig springt Kommandant Gero Kreuzer mit zwei Sanitätern der Weltraumflotte X 1 in einen SOS-Düsenschlitten. „Wir müssen die Bergkuppe unterhalb des Kraters Mons roti mithilfe unserer Weltraumpeilung GSX ansteuern!", ruft Kims Vater aufgeregt seinen Begleitern zu. Und tatsächlich! Trotz der riesigen, dunklen Staubwolke findet der Rettungstrupp die verängstigten Ausflügler, die sofort in den Rettungsjet umsteigen und unversehrt zur Marsstation zurückkehren. „Das hat geklappt", freut sich Kim über seine geglückte Rettung. Auch die Lehrerin, Frau Rotauge, beruhigt alle Kinder: „Zum Glück können wir uns immer auf unsere Retter der Weltraumflotte X 1 verlassen. Morgen ist schulfrei. Da könnt ihr euch von dem Schreck erholen!"

8 **2.** Kinder schreiben Fantasiereisen in die Vergangenheit.

9 Fortsetzung des Textes: Donautal vor 15 000 Jahren

10 **3.** Lösungswort: M E T E O R I T E N

11 **4.** Rahmenthema zur Zeitreise: Ort: _____, vor _____ Jahren.
Themenvorschläge: In einer Schule vor 50 Jahren - Wie Oma lebte, vor 60 Jahren - Auf einem Bauernhof, vor 100 Jahren - Im Kloster, vor 150 Jahren - Bei Indianern, vor 200 Jahren ...

5. Wie lebten die Menschen vor 3000 Jahren?

Die Menschen der Jungsteinzeit waren nicht mehr nur Sammler und Jäger, die in Höhlen hausten, sondern sie wurden sesshaft. Sie bauten einfache Holzhütten und legten an Seen Pfahlbauten an. Der Ackerbau kam auf mit Hacke, Sichel und Steinpflug. Um die Siedlung herum bauten sie Kulturpflanzen wie Gerste, Weizen und Hirse an. Im Dorf lebten viele Haustiere wie Hund, Rind, Ziege, Schwein, Schaf und Ackerpferd. Auf der Weide grasten die Kühe, die genügend Milch für die Sippe lieferten. Die Handwerker fertigten mit Steinwerkzeugen Einbäume, Karren und Wagen an und konnten so ihre Waren leicht transportieren. Auch Tongefäße mit Schmuckkeramik stellten sie her ...

12 **Die gruseligste Nacht in Tinas Leben**

13 **1.** Text der Erlebniserzählung in Sinnschritte einteilen, betonte Wörter unterstreichen und Sätze klanglich ausgestalten. Gesamten Text mit verteilten Rollen und klanggestaltend vortragen lassen.

2. Schüler lesen ihre Vermutungen zum weiteren Verlauf der Geschichte vor. Ein gelungener (misslungerer) Streich.

15	**3.** Richtiges Vortragen des Textes auf Seite 14.

3. Richtiges Vortragen des Textes auf Seite 14.

4. Schreiben von Gespenstergeschichten in differenzierender Form.

Gruppe A verfasst selbstständig Gespenstergeschichten. Gruppe B schreibt eine gruselige Treppengeschichte mithilfe von Stichpunkten und eines zugehörigen Bildes.

Beispiel: **Allein daheim**

Eines Nachts waren Tom und Lisa allein zu Hause, die Eltern zu Besuch bei Verwandten. Die beiden Geschwister schauten sich gerade im Fernsehen den Gruselfilm „Monsterameisen" an. Tom flüsterte Lisa zu: „Hey, ich habe Schritte im Keller gehört!" Da meinte Lisa spöttisch: „Du spinnst doch, du hast doch nur die Flatter, weil du Angst wegen des Films hast." Ängstlich murmelte Tom weiter: „Aaaber wenn doch ein Einbrecher im Haus ist?" „Ach Tom, sei leise und denk dir nicht so ein Hirngespinst aus, lass mich weiter schaun." „Das halt ich nicht aus, ich muss nachschauen, was im Keller los ist. Ich bin nämlich mutig", flüsterte Tom. „Dann geh nur, du mutiger Ritter", rief Lisa spöttisch hinter Tom her. Mutig ging Tom die morsche, knarrende Kellertreppe hinab. Vorsichtig öffnete er die Tür zum Kellerraum. Noch ein paar tapsende Schritte. Da verlöschte das Licht. Eine unheimliche Dunkelheit umgab ihn. Vorsichtig tastete er sich mit den Händen voran. Jetzt sah er einen schwachen Lichtschein, der durch das trübe Kellerfenster drang. Nur schemenhaft erkannte er die Umrisse von Gegenständen. O Schreck! Es berührte ihn etwas. War das ein Gespenst? Plötzlich wurde es Tom unheimlich. Er bekam schreckliche Angst. Da hörte er auch noch ein leises Knarren, wieder diese Schritte. Jemand stieg mit leise tappenden Schritten die Treppenstufen hinab. Da flammte das Licht einer Taschenlampe auf und seine Schwester Lisa stand da. „Was ist passiert?", fragte sie scheinheilig. „Ein Gespenst hat mich berührt", erzählte Tom immer noch kreidebleich. „Ha, ha, ha", lachte Lisa und gestand, das Kellerlicht gelöscht zu haben, um Tom Angst einzujagen. Welch eine Überraschung! Im Nachhinein stellte sich heraus: Das Klappern des Kellerfensters hörte sich an wie Schritte im Keller. Das Gespenst war ein Kleiderständer, an dem ein Bettlaken hing.

16	**Der Pfingstspatz**

Der Pfingstspatz

1. Der Pfingstspatz legt allen Leuten am Pfingstsonntag als Geschenk ein Grashälmlein auf den Fenstersims.

2. Der Pfingstspatz ärgert sich, weil die Leute nicht merken, dass er ein Grashälmlein auf den Fenstersims gelegt hat. Eine Hausfrau wischt es sogar weg.

3. Der Osterhase legt am Ostersonntag Eier in das Nest.

4. Die Leute können das Grashälmlein auf dem Fenster kaum erkennen. Der Brauch zu Ostern, dass der Hase die Eier bringt, ist vielleicht doch die bessere Idee: Kinder können im Garten die Ostereier suchen, sie rollen, titschen und werfen. Ostereier schmecken gut.

17	**5. - 9.** Schüler üben das klanggestaltende Vorlesen des Textes.
18	**Hannes fehlt**
19	**1.** Die Kinder antworteten: „Keine Ahnung. Irgendwo."

5. - 9. Schüler üben das klanggestaltende Vorlesen des Textes.

Hannes fehlt

1. Die Kinder antworteten: „Keine Ahnung. Irgendwo."

2. Hannes war noch da   ✗ beim Mittagessen,   ✗ nach dem Geländespiel.

3. Hannes ist immer so still, von dem merkt man nichts, hat keinen Freund. Er ist ein Außenseiter.

4. Drei Fragen: Vielleicht hat Hannes sich verlaufen? Oder er hat sich den Fuß verstaucht? Oder er ist bei den Kletterfelsen abgestürzt?

5. Schüler lesen ihre aufgeschriebenen Vermutungen vor.

20	**6.** Nichts war geschehen.

6. Nichts war geschehen. Hannes hatte sich lediglich einen Stock geschnitten, war zurückgeblieben und hatte sich verlaufen.

7. Warum die Kinder Hannes so genau anschauten? „Nur so", sagten sie. Aber dafür gab es Gründe. Bevor Hannes vermisst wurde:

• Kinder wussten nicht, wo Hannes beim Ausflug geblieben war.

• Sie fragten sich: „Ist Hannes beim Ausflug dabei gewesen?"

• Hannes war immer so still, von dem merkte man nichts.

• In der Klasse hatte Hannes keinen Freund, der ihn genau kannte.

8. Wie ist der Satz gemeint? ✗ freundlich   ✗ lustig

9. Nun können im Bus alle Schulkinder wieder lachen, weil Hannes wohlbehalten vom Ausflug zurückgekehrt ist. Auch die Sommersprossen im Gesicht von Hannes finden sie lustig. Hannes ist ebenso froh, wieder bei den Schulkindern zu sein, die ihn jetzt genauer kennen und mit ihm fröhlich sind.

10. Die Kinder waren zunächst gleichgültig, gelangweilt. Später waren sie besorgt, aufgeregt. Zum Schluss fühlten sie sich freudig, froh.

11. In der Schule würde ich mit Hannes öfters reden, ihn manchmal in meine Spielgruppe aufnehmen. Beim Schulausflug könnte ich Hannes ein Stück des Weges begleiten, mich mit ihm unterhalten, Späße machen, damit er nicht mehr so still ist.

12. Gesucht: Hannes

Auf dem Kopf trägt er eine rote Kappe, auf welcher ein goldener Stern befestigt ist. Auf seiner Stupsnase hat er ganz viele Sommersprossen. Sein Hemd ist kurzärmelig, rot-grün gestreift und hängt etwas über seine Hose. Um seinen Hals hängt ein Silberkettchen mit einem Medaillon dran. Am Rücken trägt er einen gelben Rucksack, an dem ein brauner Spielbär hängt. Seine blaue Jeans-Hose hat am Knie ein kleines Loch. Die weißen Turnschuhe haben dicke Gummisohlen. In der Hand trägt er einen Stecken aus Holz.

Rita ärgert sich

1. Ein Pfützenspritzer könnte ja Ritas neues Kleid beschmutzen.

2. Walter rennt hinter Wolfgang her und schaut nicht, wohin er läuft. Dabei rennt er Rita um. Ihr neues Kleid hat einen großen, braunen Schmutzfleck bekommen.

3. Walters Eigenschaften: ✗ böse ✗ wild ✗ beleidigend ✗ unbeherrscht ✗ rücksichtslos

4. Rita weint, dass es alle hören. Sie ist traurig und betrübt, dass ihr neues Kleid so schmutzig geworden ist.

5. Walter ist schuld am Unfall, denn er passt nicht auf, wohin er läuft. Er ist unvorsichtig gewesen, weil er wütend hinter Wolfgang hergerannt ist.

6. Kinder notieren ihre Vermutungen: Vielleicht entschuldigt sich Walter bei Rita und ersetzt ihr den Schaden am Kleid. Es könnte auch sein, dass Walter jede Schuld abstreitet und weiterhin felsenfest behauptet, Rita habe sich ihm in den Weg gestellt und sei selber schuld.

7. Walter hat große Angst, dass Rita ihn wegen ihres verschmutzten Kleides bei der Lehrerin verpetzt. Er möchte Rita so gern sagen, wie Leid ihm dies alles tut.

8. Walter schämt sich. Aber als Junge kann man sich nicht so einfach entschuldigen.

9. Jungen fühlen sich immer als kleine Helden. Sie wollen in ihrer Jungengruppe als stark und überlegen gelten. Deshalb fällt es ihnen auch schwer, sich bei einem Mädchen zu entschuldigen, weil sie Angst haben, von ihren Kameraden als Schwächling angesehen zu werden. Ein Junge sollte sich bei einem Mädchen aber doch entschuldigen, wenn er etwas angestellt hat, denn erst dann ist er wirklich stark.

10. Walter ist erleichtert, weil Rita ihn nicht verpetzt hat.

11. Rita hat den Apfel erhalten, weil sie gestern Walter nicht bei der Lehrerin verpetzt hat.

12. Vielleicht ist es Rita peinlich, sich bei Walter zu bedanken, zumal Walter drüben bei den Jungen steht und so tut, als sehe er Rita nicht.

13. Ausführlicher **Entschuldigungsbrief:**

Liebe Rita!

Ich schenke dir den Apfel, weil du mich gestern nicht verpetzt hast. Ich habe dich aus Versehen umgerannt, bin zu unvorsichtig gewesen. Hoffentlich hast du dir nicht wehgetan! Es tut mir auch Leid, dass ich „dumme Gans" zu dir gesagt habe und noch dazu behauptet habe, du hättest dich mir in den Weg gestellt. Dein schönes, neues Kleid hat einen braunen Schmutzfleck. Ich bin gerne bereit, die Kosten für die Reinigung zu übernehmen.

Dein Walter

26 **Der Rabe und der Fuchs**

27 **1.** Riesen-Raben-Rätsel: Lösungswort S Ä N G E R

2. Lückentext: „Wenn du singst, schweigt der ganze Wald, sogar der Wind bleibt stehen, selbst die Nachtigall verstummt verschämt."

3. Der Fuchs wusste genau, dass der Rabe nur krächzen konnte. Aber er wollte ihn nur deshalb als guten Sänger loben, damit er vor lauter Stolz zu reden und zu singen beginnt. Dann nämlich muss der Rabe seinen Schnabel aufmachen und der Käse fällt zu Boden.

28 **4.** Am Anfang der Geschichte: Rabe mit Käse - Fuchs ohne Käse
Am Schluss der Geschichte: Fuchs mit Käse - Rabe ohne Käse

5. Der Rabe verlor den Käse, weil er dem Fuchs allzu gerne zeigen wollte, wie schön er singen konnte. Er fragte, welches Lied er gestern gesungen hatte, öffnete seinen Schnabel. Der Fuchs bekam den Käse, weil der Rabe auf die List des Fuchses reinfiel und den Komplimenten des Fuchses Glauben schenkte.

6. a) Der Rabe ist ✗ eitel ✗ dumm ✗ geschmeichelt ✗ wohlgefällig ✗ einfältig
b) Der Fuchs ist ✗ höflich ✗ schlau ✗ hinterlistig ✗ berechnend

7. a. ✗ Schmeichlern sollte man nicht glauben, sie sind oft unehrlich.
c. ✗ Glaube nicht alles, was gesagt wird, ohne darüber nachzudenken.

29 **8. Der Rabe und der Fuchs**

Ein Fuchs streifte hungrig durch den Wald. Da sah er auf dem Ast eines Baumes einen Raben sitzen, der etwas im Schnabel hatte. „Vielleicht schmeckt mir das Stück auch!", dachte der Fuchs. Höflich fragte er den Raben: „Was hast du denn da im Schnabel?" „Ein Stück Schmelzkäse!", antwortete der Rabe. Im selben Moment fiel der Schmelzkäse zu Boden direkt vor die Füße des Fuchses. „Jetzt bin ich reingefallen", ärgerte sich der Rabe, „der Fuchs lässt sich jetzt bestimmt meinen leckeren Käse schmecken." Der Fuchs roch an dem Käse. Zur Überraschung des Raben gab ihm der Fuchs seinen Käse zurück. „Du hast etwas verloren", sagte der Fuchs. „Ich mag keinen Schmelzkäse!", fügte er schmollend hinzu, wandte sich um und ging. Im Stillen dachte sich der Fuchs: „Wenn es ein Stück Fleisch gewesen wäre, hätte ich es dem Raben nicht mehr zurückgegeben." Und der Rabe dachte sich: „Nochmal Glück gehabt." Nicht immer hat man mit einer List den vollen Erfolg.

5. Bild: • Fuchs mit Sprechblase: Ein Stück Fleisch hätte mir geschmeckt.
• Rabe mit Sprechblase: Nochmal Glück gehabt.

30 **Die Stadtmaus und die Feldmaus**

1. Stichpunkte zur Maus: Nagetier - pelziges Tier - schwarze Knopfaugen - dünner Schwanz - Mäuse bauen Nester - Junge sind nackt und blind - starke Vermehrung - Plage - Mäuse von Katzen verfolgt - Feinde im Freien: Fuchs, Mäusebussard

2. Die Stadtmaus lebt in der Stadt, in Gebäuden und Ställen. Die Feldmaus lebt auf dem Land, auf Wiesen, Feldern und Äckern.

31 **3.** Die Feldmaus bietet an: ✗ Eicheln ✗ Gerstenkörner ✗ Nüsse

4. Die Stadtmaus lädt die Feldmaus in die Stadt ein, weil sie dort besser leben und alle Tage essen kann, worauf sie gerade Lust hat.

5. Speisekammer ist gefüllt mit: ✗ Brot ✗ Fleisch ✗ Würstchen ✗ Käse

6. Da kamen Schritte: Die Tür ging auf, ein Mensch trat in die Speisekammer. Die Mäuse flohen. Die Stadtmaus flüchtete in ihr Loch, die Feldmaus fand es nicht.

7. Die Feldmaus beschwerte sich: „Du hast gewusst, wo ein Loch ist, aber ich bin vor Angst fast gestorben. Da weiß ich was Besseres: Du bleibst bei deinen Würsten und deinem Speck. Ich gehe nach Hause und esse weiter meine Eicheln. Du bist nicht sicher vor den Menschen, Katzen, Mausefallen."

8. Die Feldmaus lebt lieber arm, aber sicher. Die Stadtmaus ist reich, lebt aber gefährlich.

32 **9.** • Stadtmaus: unsicher - gefährlich - verängstigt
• Feldmaus: sicher - zufrieden - bescheiden

10. ✗ Lieber ein bescheidenes Leben in Sicherheit führen als ein angenehmes Leben mit Gefahren verbringen.

11. Schüler fragen einander ab über die Unterschiede der Mäusearten.

33

12. Die Feldmaus: Sie lebt auf dem Land, auf Wiesen und Feldern, hat ein dickes, graubraunes Fell und ist 10 cm lang. Gänge führen in ihren Bau unter der Erde. Darin baut sie sich ein weiches Nest und bringt siebenmal im Jahr 4 bis 12 Junge zur Welt. Sie sieht und hört gut. Außerhalb ihrer Wohnung wird sie bedroht von vielen Feinden: Fuchs, Mäusebussard, Eule. Ihre Nahrung besteht aus Samen, Körnern, Wurzeln und Nüssen.

Die Stadtmaus: Sie lebt in der Stadt, in Dörfern, in Gebäuden und Ställen und hat ein feines, graues Fell, einen langen Schwanz und ihr Körper ist 8 cm lang. In einem Versteck bringt sie fünfmal im Jahr 4 - 6 Junge zur Welt. Sie hört gut, sieht aber schlecht, kann sich mit ihren Tasthaaren gut in der Dunkelheit zurechtfinden. Ihren langen Schwanz benutzt sie als Kletterhilfe. Die Stadtmaus frisst Lebensmittel wie Brot, Käse und Wurst, die sie bei Menschen finden kann.

34

Der Hase und die Schildkröte

1. Schnelligkeit - Langsamkeit

2. Der Hase nahm die Sache nicht ernst und schlief ein. Als er aufwachte, konnte er das Wettrennen trotz seiner Schnelligkeit nicht mehr gewinnen.

3. Die Schildkröte arbeitete sich pausenlos vorwärts, hatte noch dazu den Vorteil, dass der Hase das Rennen verschlief.

4. Der Hase glaubte, es sich leisten zu können, ein Schläfchen einzulegen, weil er einen großen Vorsprung hatte.

35

5. • Der Hase ✗ nimmt Sache nicht ernst ✗ fühlt sich zu überlegen ✗ ist sorglos, unbekümmert ✗ glaubt, immer zu gewinnen ✗ ist allzu siegessicher

• Die Schildkröte ✗ läuft pausenlos ✗ strengt sich an ✗ ist ausdauernd

6. Lehre der Fabel: a ✗   c ✗

7. Der Wettlauf zwischen Hase und Igel

An einem sonnigen Morgen traf der Hase den Igel auf einem Rübenfeld. Der Igel begrüßte den Hasen ehrerbietig: „Guten Morgen, Meister Lampe! Gehen Sie ein bisschen spazieren oder wollen Sie eine Steckrübe anknappern?" Der Hase aber antwortete hochmütig: „Wie kommt es, dass du so früh am Morgen auf dem Feld rumläufst?" „Vielleicht kann ich eine kleine, junge Maus fangen", antworte der Igel artig. Mit höhnischer Miene spottete der Hase: „Du mit deinen krummen Beinen kommst so langsam voran und willst eine flinke Maus fangen?" Darüber ärgerte sich der Igel sehr, denn auf seine Beine ließ er nichts kommen. „Ich kann schneller laufen als du! Wollen wir um die Wette laufen?", schlug der Igel vor. „Einverstanden, ha, ha, ha!", lachte der Hase siegesgewiss. „Von mir aus kann's gleich losgehen!" „Nein, nicht so geschwind", meinte der Igel, „ich muss erst nach Hause gehen und etwas frühstücken. In drei Stunden bin ich wieder hier." Daheim heckte er mit seiner Frau einen Plan aus, wie der schnelle Hase überlistet werden konnte. Der Igel wies seiner Frau einen Platz unter einem Busch am Ende der Rennstrecke zu. Dort sollte sie auf den Hasen warten. Nach der vereinbarten Zeit kam der Igel wieder beim Hasen am Anfang des Rübenfeldes an und fragte ihn: „Kann es losgehen mit dem Wettlauf?" „Von mir aus sofort!", erwiderte der Hase hochnäsig. Er zählte: „Eins, zwei, drei." Und los ging das Rennen, jeder lief in seiner Furche. Der Igel-Mann aber lief nur wenige Schritte, duckte sich und versteckte sich hinter einer Ackerfurche. Als nun der Hase in vollem Laufe fast am Ziel angelangt war, rief die Igel-Frau ihm entgegen: „Ich bin schon da!" Der Hase war sichtlich überrascht und konnte gar nicht glauben, dass er die Wette verloren hatte. „Nochmal", rief er wütend, „die gleiche Strecke zurück!" „Einverstanden", bekam er zur Antwort. Und wieder fetzte der Hase los wie ein Sturmwind die Furche entlang. Die Igel-Frau dagegen lief nur drei Schritte und blieb dann ruhig sitzen. Als der Hase wieder am Ende der Ackerfurche angelangt war, rief ihm der Igel-Mann entgegen:

„Bin schon da!" Nun triumphierte der Igel und sprach: „Siehst du, Meister Langbein, selbst mit meinen kurzen, krummen Beinen kann ich immer noch schneller laufen als du!"

36

Der Fuchs und der Ziegenbock

37

1. Bild 2: F und Z im Brunnen   Bild 3: Z im Brunnen, F draußen

2. Zu Beginn: Z frei   Zum Schluss: F frei
             F gefangen   Z gefangen

3. Mit der List, das frische Brunnenwasser doch einmal zu kosten, lockte der Fuchs den Ziegenbock in den Brunnen.

4. Bevor der Ziegenbock in den Brunnen sprang, hätte er bedenken sollen, wie er wieder herauskommt.

5. Der Fuchs konnte über den Rücken des Ziegenbocks entkommen, versprach ihm, danach zu helfen. Auf diese List fiel der Ziegenbock herein.

6. Der Ziegenbock beschwerte sich, dass der Fuchs sein Wort nicht gehalten hatte. Der Fuchs gab dem Ziegenbock den Rat, nirgends hinunterzuspringen, ohne nachzudenken, wie er wieder herauskommt.

7. Der Fuchs ist   ✗ hinterlistig ✗ gerissen ✗ schlau
   Der Ziegenbock ist ✗ dumm ✗ gutmütig ✗ einfältig

38
39

Der Müller und sein Sohn

1. Mit dem Verkauf des Esels wollte der Müller Geld verdienen, um eine schöne Reise zu machen.

2. ✗ Der Esel sollte auf dem Markt nicht müde wirken.

3. Bild 1: „Wie seid ihr beide dumm, statt zu reiten tragt ihr gar noch den Esel."
   Bild 2: „Ja gibt es so was. Statt das arme schwache Kind reiten zu lassen, reitet der kräftige Mann."
   Bild 3: „Das ist doch die Höhe. Da reitet das junge Bürschchen und der alte Mann muss laufen."
   Bild 4: „Man sollte euch beide herunterprügeln! Zwei Leute reiten auf einem armen schwachen Esel!"
   Bild 5: „Ist das die Möglichkeit! Die beiden Dummen laufen und könnten doch auf einem Esel reiten!"

4. Die Leute haben gesunden **Menschenverstand**, sind **kinderlieb**, achten das **Alter**, sind **Tierfreunde**, geben Dummen einen **Rat**.

40

5. Müller und Sohn haben getan, was die Leute verlangt haben. ✗ ja

6. Vater und Sohn sollen auf dem Esel nicht reiten, ab und zu eine kleine Pause einlegen. Wenn die Leute fragen, warum sie nicht reiten, dann sollten sie antworten: Der Esel darf nicht müde werden, denn er wird verkauft und soll auf dem Markt frisch und munter wirken.

7. Eigenschaften von Vater und Sohn: ✗ einfältig ✗ seltsam ✗ nachgiebig
   ✗ leicht beeinflussbar ✗ unvernünftig

8. Sinn der Geschichte: a ✗   c ✗   d ✗

41

9. Satzzeichen gesetzt:
Die Leute sagten: „Ja gibt es so was!"
„Ja gibt es so was!", sagten die Leute.
„Ja gibt es so was", sagten die Leute, „lass das schwache Kind reiten." oder:
„Ja gibt es so was!", sagten die Leute. „Lass das schwache Kind reiten."

10. Schüler tragen Nacherzählung mit passendem Schluss vor.

42
43

Swimmy

1. Swimmy war schwarz, konnte vom Thunfisch im dunklen Wasser nicht gut erkannt werden. Außerdem schwamm Swimmy schneller als seine roten Schwestern und Brüder.

2. Unterwasserrätsel: die Qualle - der Hummer - die Fische - die Meeresalgen - der Aal - die See-Anemonen

3. Schüler ergänzen Unterwasserbild.

4. Swimmy dachte nach und ermunterte die roten Fische: „Hallo, ihr lieben Schwestern und Brüder, kommt mit auf einen Ausflug ins freie Meer. Ich schwimme voraus, spähe aus, ob kein Raubfisch in der Nähe ist. Und ihr schwimmt hinterher! Bei Gefahr könnt ihr euch auch in den bunten Korallenbänken verstecken. Vorher zeige ich euch noch, wie ihr euch durch Täuschungsmanöver und flinkes Wegschwimmen vor einem Räuber retten könnt." „Einverstanden, Swimmy", riefen die roten Fische begeistert und folgten ihm neugierig ins offene Meer.

5. Richtiges Ausmalen der Fischschwärme.

6. Die Fische bildeten einen Riesenfisch mit Swimmy als Auge. Selbst die größten Fische nahmen jetzt Reißaus vor dem Riesenfisch. Die roten Fische und Swimmy als wachsames Auge fühlten sich jetzt sehr wohl.

7. Swimmy wollte den roten Fischen den prächtigen Märchenwald im Meer und die Wunder des Ozeans zeigen.

8. a) furchtsam - ängstlich b) glücklich - sicher

9. Getarnt als Riesenfisch können die kleinen roten Fische sicher und glücklich durch das Meer schwimmen. Und auch Swimmy fühlt sich wohl, weil er als wachsames Auge eine große Rolle spielt für die Sicherheit des Fischschwarms.

10. a ✗ c ✗

11. Rundum-Geschichte: **Jimmy**

Zu einem Hochhaus in Germersheim gehörte eine große Wiese. An ihrem Rand war ein Schild aufgestellt, auf welchem stand: Spielen für Kinder verboten! Sobald einige Kinder auf die Wiese liefen und mit dem Ball spielen wollten, kam gleich Hausmeister Krause angerannt und rief zornig: „Könnt ihr nicht lesen, auf der Wiese ist Spielen verboten. Merkt euch das! Die Bewohner wollen ihre Ruhe haben." Manchmal bedrohte sogar der gefährliche Hund des Hausmeisters die spielenden Kinder und knurrte böse. Die verängstigten Kinder waren traurig und trauten sich mit der Zeit nicht mehr auf die Wiese. Da zog Jimmy mit seiner Familie in das Hochhaus ein. Er ermunterte die Kinder: „Hört mal her, wir schreiben einen Bittbrief an den Hausbesitzer und versprechen darin, dass wir nur von 3 Uhr bis 5 Uhr nachmittags mit dem Ball spielen und auch nicht laut schreien wollen." Gesagt, getan. Der Antwortbrief des Hausbesitzers ließ nicht lange auf sich warten. Darin stand: Wenn ihr Kinder euer Versprechen einhaltet, dann wird für die Wiese Spielerlaubnis erteilt. Jetzt waren die Kinder im Hochhaus wieder froh und Jimmy wachte darüber, dass alle Versprechen auch eingehalten wurden. Gemeinsam waren die Kinder stark, erreichten viel.

Jorinde und Joringel

1. Zauberin wurde a) ✗ zur Katze ✗ zur Eule   b) ✗ ein Mensch

2. Wenn jemand auf 100 Schritte dem Schloss nahe kam, konnte er sich nicht von der Stelle bewegen, bis die Zauberin ihn lossprach. Wenn ein Mädchen in ihren Zauberkreis kam, verwandelte sie es in einen Vogel.

3. a) Und als Jorinde sang, war sie plötzlich eine Nachtigall.
   b) Joringel konnte sich nicht mehr bewegen.

4. Während Jorinde sang, wurde sie plötzlich eine Nachtigall und sang: „Zicküth, zicküth, zicküth."

5. Joringels Traum: Im Traum erschien Joringel eine gute Fee und teilte ihm mit: „Joringel, gehe immer in südlicher Richtung. Hinter drei Bergen kommst du zu einer Höhle, in der der Zauberzwerg Horufax wohnt. Er besitzt einen sprechenden Kristall, der dir verraten wird, wie du deine Braut wieder finden und befreien kannst." Gleich am nächsten Morgen wanderte Joringel über Berg und Tal und fand schließlich die Höhle mit dem Zauberzwerg. Durch den sprechenden Kristall erfuhr Joringel, dass seine Jorinde im Schloss der Zauberin als Nachtigall verzaubert in einem Käfig eingesperrt wurde. Der freundliche Zauberzwerg Horufax gab Joringel eine geheimnisvolle Wunderwurzel und noch zwei Zaubersprüche mit auf den Weg, mit deren Hilfe er Jorinde befreien konnte. Sie lauteten: Wurzel, Wurzel, Wurzel fein, lass mich in das Schloss hinein. Wurzel, Wurzel, Wurzel frei, zaubere meine Joringel herbei. Joringel tat, wie ihm aufgetragen wurde und befreite seine Braut aus den Fängen der Hexe.

48

6. Lösungswörter im Lückentext:
nicht - ans Tor - sprang auf - zwei - Körbchen - Weib - zaubern - Jorinde - Mädchen

49

7. Inhalt des Märchens:
• 1 Erzzauberin lebt in einem alten Schloss. • 2 Jorinde und Joringel spazieren im Wald.
• 3 Jorinde wird Nachtigall, Joringel regungslos. • 4 Joringel wird von Zauberin erlöst.
• 5 Joringel bittet Zauberin um Jorinde. • 6 Joringel träumt von der Wunderblume.
• 7 Joringel sucht und findet Wunderblume. • 8 Joringel befreit Jorinde aus Käfig.

8. Kinder schreiben mithilfe der Bilder dieses Märchen.

50

Ein Märchen erfinden

1. Schüler erzählen anhand der vier Bilder ein Märchen.

2. Kinder kreuzen Stichpunkte zu einem Märchen an.

51

3. Beispiel für ein Märchen zu der Bilderfolge.

Die entführte Prinzessin

Prinz Poldi wollte auf seinem Schloss der schönen Prinzessin Lissi einen Heiratsantrag machen. Gerade als er ihr die Blumen schenken wollte, flog eine böse Hexe herbei und entführte die Prinzessin. Der Prinz war total entsetzt und konnte tagelang nicht schlafen. Er suchte seine Lissi überall, konnte sie aber nicht finden. Eines Tages ritt der Prinz durch einen dunklen Wald und legte auf einer Waldlichtung eine Pause ein, um etwas zu essen. Da kam ein Zwerg daher. „Kannst du mir ein Stückchen von deinem Brot geben? Ich bin so hungrig!" Und da der Prinz ein guter Mensch war, teilte er sein Brot mit ihm. Als sie gegessen hatten, sagte der Zwerg: „Zum Dank für deine Hilfsbereitschaft hast du drei Wünsche frei." „Ich habe eigentlich nur einen Wunsch, ich möchte die verschwundene Prinzessin Lissi wieder finden." Da antwortete der Zwerg: „Die Prinzessin wird von einer Hexe auf einer Burg gefangen gehalten. Gehe drei Tage in nördlicher Richtung, dann siehst du den Turm der Burg. Hier hast du noch einen Zauberspiegel. Wenn dich die Hexe verwünschen will, dann richte den Spiegel auf sie." Nach drei Tagesmärschen hatte der Prinz die Burg erreicht und klopfte an das Tor. Die Hexe öffnete es. Als sie den Prinzen sah, schrie sie auch schon erbost: „Donnerkeil, ich verwandle dich in einen Stein." Doch Prinz Poldi hielt ihr rechtzeitig den Zauberspiegel entgegen. Im selben Moment wurde die Hexe zu Stein. Der Prinz befreite die Prinzessin aus ihrer Turmkammer und ritt mit ihr frohen Herzens zu seinem Schloss zurück. Nach drei Tagen wurde Hochzeit gefeiert.

52
53

Rübezahl und die Wandergesellen

1. Wandergesellen baten um einen **Reisepfennig**, bekamen aber nur zwei **Stöcke** als Almosen.

2. Der 1. Wanderer sprach: „Was soll ich mit dem Stock? Ein Stück Holz kann ich mir selber schneiden." Der 2. Wanderer sagte: „Ich will meinen Stock behalten. Wer weiß denn schon, wozu er einmal gut sein wird."

3. Abends in der Herberge hatte sich der Stock in Gold verwandelt.

4. 1. Wanderer: Wer ein einfaches Geschenk (Stock) nicht zu schätzen weiß, der verdient auch keinen größeren Preis (Gold). 2. Wanderer: Wer mit wenig zufrieden ist, der wird von Rübezahl großzügig beschenkt (mit Gold).

5. Rübezahl und die Waldarbeiter

Drei Waldarbeiter waren im Riesengebirge gerade beschäftigt, Fichten zu fällen. Plötzlich hörten sie, wie am nahe gelegenen Berghang jemand rief: „Hilfe, Hilfe, ich bin eingeklemmt!" Rasch liefen sie zur Unglücksstelle und fanden einen Mann unter einer umgestürzten Fichte. Vermutlich war die bereits gefällte Fichte am Abhang ins Rollen geraten und hatte den Wandersmann unter sich begraben. Mit großer Mühe befreiten sie ihn aus dem Geäst. Der Wanderer öffnete seinen Rucksack und schenkte jedem Waldarbeiter zum Dank für seine Rettung einen großen, glänzenden Kieselstein. Doch zwei Waldarbeiter waren damit nicht zufrieden und warfen ihre Kieselsteine achtlos weg. Der dritte Waldarbeiter aber sprach: „Ich will meinen Stein behalten, er glänzt so schön." Nach getaner Arbeit betrachtete der dritte Waldarbeiter abends in der Waldhütte seinen Stein. Der Kieselstein hatte sich in pures Gold verwandelt. „Den hat mir bestimmt Rübezahl geschenkt. Nun muss meine Familie keine Not mehr leiden", meinte er. Die beiden anderen Waldarbeiter liefen sofort zum Berghang zurück, suchten aber ihre Kieselsteine vergebens.

54

Der heilige Nikolaus

1. Wie die Menschen lebten: a ✗   c ✗
2. Nikolaus antwortete: „Betet zu ihm, er wird uns helfen." Und siehe da, es kam ein Schiff gefahren, beladen mit Korn.

55

3. „Habt Erbarmen und füllt uns ein paar Säcke mit eurem Korn."
4. Die Knechte wollten zunächst kein Korn hergeben: b ✗   c ✗
5. Nikolaus versprach den Knechten: „Wenn ihr zu eurem Herrn kommt, wird kein Körnlein fehlen!"
6. ✗ Die Schiffsknechte glaubten dem heiligen Mann.
7. In den Säcken auf dem Schiff fehlte wirklich nicht ein Korn.
8. Eine Legende ist eine **wundersame** Erzählung aus dem **Leben** eines **Heiligen**. Sie will dich im Glauben **stärken**.
9. Sankt Martins Ritt durch den Schnee
Eines Tages ritt Martin mit seinem herrlichen Pferd durch den Schnee. Er trug einen warmen, roten Mantel, denn es war sehr kalt. Es wehte ein eisiger Wind. Am Wegesrand hockte ein armer Bettler, nur notdürftig in Lumpen gehüllt. Er zitterte vor Kälte. Am ganzen Körper schlotternd rief er: „O Herr, habt Mitleid mit einem Frierenden. Ich komme sonst um vor Kälte!" Martin wollte zunächst weiterreiten, denn Bettler waren in jener Zeit unerwünscht. Doch er hatte Mitleid, zügelte sein Pferd, zog sein Schwert und trennte seinen Mantel in zwei Hälften. Die eine Mantelhälfte schenkte er dem Bettler. Noch bevor dieser ihm dafür danken konnte, ritt Martin eilends davon mit seinem halben Mantelteil. Später ließ er sich taufen und bekannte sich zum Christentum.

56

Gleichnis vom verlorenen Sohn

1. ✗ Der jüngere Sohn wollte seinen Anteil ausbezahlt bekommen.
2. ✗ Der jüngere Sohn vergeudete sein Geld.
3. ✗ Der jüngere Sohn wurde ein Schweinehüter.

57

4. Der jüngere Sohn wollte wieder Knecht bei seinem Vater werden.
5. Der Vater lief ihm freudig entgegen und umarmte ihn.
6. Der ältere Sohn übertrat niemals ein Gebot, durfte nie feiern.
7. Der Vater antwortete seinem älteren Sohn: „Du bist immer bei mir gewesen, all das Meine gehört dir."
8. Gott ist wie der barmherzige Vater. Er freut sich über jeden Menschen, der zu ihm zurückkehrt.
9. Nacherzählung: Gleichnis vom barmherzigen Vater

58

Wenn das M nicht wär' erfunden

1. M-Wörter: Max und Moritz - Maximilian - Mutti oder Mama
2. m-Wörter: manches - krumm - dumm - mancher - zum
3. Was wäre, wenn ... a ✗   c ✗   e ✗

59

4. Zur 1. Strophe:
Wenn das D nicht wär' erfunden, gäbe es weniger schöne Worte.
Denn dann hießen Dieter und Dorte plötzlich Ieter und Orte.

5. Zur 2. Strophe:
Wenn das E nicht wär' erfunden, wäre manches Wort nicht da.
Elvira, die hieße plötzlich Lvira.
6. Gedicht mit P-Wörtern: Wenn das P nicht wär' erfunden

Das Kostbarste

1. Äpfel, Birnen, Aprikosen, Hemden, Kleider, Strümpfe, Hosen, ein Farbstift, ein Buch, ein Ball, ein Tuch
2. Kürbis, Weintrauben, Schuhe, Wecker
3. Viel Schönes ohne Geld: Sternenhimmel, Sonnenstrahlen, ...
4. groß - größer - am größten: / das Größte
     schön - schöner - am schönsten: / das Schönste
     kostbar - kostbarer - am kostbarsten   / das Kostbarste
     gut - besser - am besten   / das Beste
5. Schaubild: • 1 Birnen, ...   • 2 Sonnenstrahlen, ...
               • 3 Dein Leben ist das Größte, Schönste, Kostbarste und Beste.
6. Ich kann ... nachmittags zum Eisessen in die Eisdiele gehen; abends mit Freunden ins Kino gehen; nachts mit einem Fernglas die Sterne am Himmel beobachten; am Wochenende zum Skifahren ins Gebirge fahren.
7. Gedicht mit neuen Wörtern schreiben: Das Kostbarste

Der Herbst

1. Lösungswort: H E R B S T
2. W I N T E R: **W**eiße Flocken schweben hernieder. **I**ch ziehe warme Sachen an. **N**anu, da steht ein Schneemann. **T**eiche sind schon zugefroren. **E**ndlich gibt es Schnee, juchhe! **R**ichtig kalt ist es geworden.
3. S O M M E R: **S**chmeckst du das Vanilleeis mit Himbeeren? **O**h, wie herrlich ist die Ferienzeit! **M**it dem Rad zum Freibad fahren, schwimmen, planschen, springen. **M**enschen sonnen sich am heißen Sandstrand. **E**s scheint so schön die Sonne, wunderbar. **R**iechst du das Wasser am See, die Sonnencreme auf deiner Haut?

Ferienzwölfchen

1. Lückenwörter: ein - zwei - drei - vier; zwölf Wörter
2. Ferienzwölfchen: • 1 Wiese   • 2 Blumen blühen   • 3 Träume im Gras
• 4 Hummeln und Bienen summen   • 5 Brumm, brumm
3. Ferienzwölfchen: Ausflug - Koffer packen - Hemden, Hosen, Schuhe! - Oben drauf die Mütze - Fertig, los!

Das große, kecke Zeitungsblatt

1. Schüler schreiben Gedicht nach eigenen Ideen um.
2. Bildergeschichte:
• 1 Durch unsere Stadt flatterte ein keckes Zeitungsblatt.
• 2 Es galoppierte die Straße herab, hüpfte über Stock und Stein.
• 3 Allmählich wurde es müd und verkroch sich unter einem Busch.
• 4 Plötzlich kam ein Windstoß. Das Zeitungsblatt tat einen Riesensprung und flog davon.
• 5 Ein paar Saltos schlug es in kühnem Flug über den Gartenzaun, landete ruhig im Straßengraben.
• 6 Es ließ sich nicht fangen, entwich mit Purzelbäumen.
3. Aufführung des Spiel-Gedichtes durch die Kinder.

Sonnengesang

1. Kinder gestalten selbstständig die Bilderleiste.
2. Gott wird gelobt durch die Schwestern Sonne, Luft, Wasser, Erde; durch die Brüder Mond, Sterne, Wind, Feuer.
3. Wenn wir Schwester Sonne nicht hätten, würden uns die Sonnenstrahlen nicht wärmen, es gäbe kein Leben auf der Erde. Wenn wir Bruder Wind nicht hätten, kämen die

60

61

62

63

64

65

66

67

Regenwolken vom Meer nicht zu uns, unsere Erde würde vertrocknen.

4. Ich freue mich in meinem Leben über die Schönheiten der Erde, über ihre Pflanzen, Tiere und Menschen. Ich fühle mich glücklich auf der Erde, weil ich gesund bin, gern in die Schule gehe, nette Eltern und Freunde habe.

5. Sei gelobt durch unsere Schwestern, die Vögel. Sie erfreuen durch fröhliches Singen; sie zwitschern, piepen, trällern; geschickt fliegen sie in der Luft, können flattern, segeln, kreisen; bauen Nester in den Garten, füttern ihre Jungen.

68

Wann sind Freunde wichtig?

1. Reimwörter: bauen - hauen; suchen - Kuchen; Zimmer - immer

2. Freunde sind wichtig: zum Sandgruben bauen; wenn andere dich hauen; zum Schneckenhaus suchen; zum Essen von Kuchen

3. Tageszeiten: vormittags (in der Schule) - mittags (auf dem Heimweg) - nachmittags (beim Spielen) - abends (im Kino)

4. Treffpunkte: auf dem Spielplatz - im Spielzimmer - im Kino

Mein Gedicht: Freunde sind wichtig

zum Späße machen, ..., wenn andere dich verlachen.

..., zum Fußballspielen, ..., zum Singen und Spielen.

Nachmittags, abends, in der Hütte, im Zelt ...

Wann sind Freunde wichtig? Für jeden auf der Welt!

69

Es ist Frühling

1. Es ist Herbst: Land - bunt - Sturm - klappern - brennen - Kartoffeln - Äpfel - Trauben - Drachen - luftiger

2. Es ist Sommer:

Was siehst du? Die Sonne scheint jetzt lang am Tag. Die Kinder liegen auf der Wiese, schwimmen fröhlich im Bad.

Was hörst du? Gewitter ziehen drohend übers Land; Donner grollt, Regen prasselt her nieder.

Was riechst du? Die Leute feiern Gartenfeste. Auf dem Grill duftet es nach Bratwürstchen.

Was schmeckst du? Ich schlecke kühles Erdbeereis, das auf der Zunge zergeht, trinke kühle, erfrischende Apfelschorle.

Was tust du? Plansche im See, tauche auf den Grund, beobachte schillernde Fische.

70

Die Vögel warten im Winter vor dem Fenster

1. Gespräche zwischen einem **Vogel** und den **Kindern**.

2. Frage-Antwort-Spiel zu jeder Strophe.

3. Und ich rief euch immer im vergangenen Jahr, wenn der Rabe wieder im Salatbeet war. Und ich hämmere die ganze Sommerzeit, all das Ungeziefer schaffe ich beiseit. Und ich war es, die den ganzen Sommer lang früh im Dämmergrau in Nachbars Garten sang.

71

4. Kinder, ich bin am Ende. - Bitte um eine kleine Spende. - Und besten Dank für die Arbeit.

Der Dichter lässt die Vögel immmer wieder um eine kleine Spende bitten, damit die Kinder auch wirklich den Vögeln helfen in ihrer Not, was sie auch tun.

5. Der Dichter lässt die Vögel sprechen, weil er uns auf etwas aufmerksam machen will. Die hungrigen Vögel bitten um eine Spende, die die Kinder auch geben. Der Dichter will uns Menschen sagen: Es gibt auch arme Menschen, denen man durch eine Spende helfen soll.

6. Im Winter, wenn viel Schnee liegt, kann man die Vögel füttern. Vermeide dabei salzhaltige Lebensmittel wie z. B. Brot, denn davon bekommen die Vögel nur Durst. Füttere nur Samen, Körner und getrocknete Rosinen. Reinige öfters dein Futterhäuschen, damit die Vögel keine ansteckenden Krankheiten bekommen.

7. Leicht abgeänderte **Strophe**: Ich bin die Blaumeise. Kinder, mir geht es schlecht. Und ich hüpfe im Sommer von Ast zu Ast, vertilge Ungeziefer aller Art. Bitte um etwas Futter.

Blaumeise, komm nur her. Blaumeise, im Häuschen liegen schon die Samen. Und vielen, vielen Dank für deine Hilfe!

72

Wer bin ich?

1. Das Gedicht hat drei Zeilen. Das Tier ist ein **Delfin**.

2. Find es zur **Oster**zeit. Lösungswort: O S T E R H A S E.

3. Wer bin ich? Dreizeiler zur **Schnecke**:

• Habe einen weichen Körper, aber eine harte Schale.

• Bin sehr langsam, krieche aber schnell in mein Haus.

• Schlafe meist am Tag, bin nachts unterwegs.

4. Dreizeiler: Tierrätsel zum **Zebra**:

• Lebe meist in meiner Herde.

• Durchstreife die Savanne, tarne mich durch Streifen.

• Bin sehr kräftig, flüchte aber vor Geparden.

73

Ein großer Teich war zugefroren

1. Der zugefrorene Teich: Wenn es im Winter sehr kalt wird und die Temperatur unter Null Grad Celsius sinkt, gefriert Wasser zu Eis. Wenn die Eisschicht dick genug ist, können Kinder darauf Schlittschuh laufen, warm angezogen und mit wehenden Schals. Schneit es sehr lange, legen sich dicke Schneeschichten auf Wiesen, Bäume und Häuser. Aber Vorsicht! Schneeverwehungen können nun teilweise zugefrorenes Freiwasser und dünne Eisflächen zudecken. Kinder können ins Eis einbrechen und verunglücken.

2. Der Wasserfrosch hält im Schlamm des Teiches seine Winterruhe.

3. Fänden sie nur da oben Raum, wie Nachtigallen wollten die Frösche singen.

4. Der Winter ging vorüber: Der Tauwind ließ das Eis schmelzen. Die Frösche erwachten aus ihrem Winterschlaf, tauchten auf und landeten am Ufer. Dort quakten sie wie vor alter Zeit.

5. Nur die Männchen der Wasserfrösche können quaken. Der Laut wird im Kehlkopf erzeugt und durch Schallblasen verstärkt. Gebildet wird die Schallblase von der elastischen Haut des Mundbodens.

74
75

Wie lebt der Maulwurf unter der Erde?

1. Das **Revier** des Maulwurfs: 1 Laufgang 2 Jagdgang 3 Kessel 4 Tränke

2. Der Maulwurf ist für das Leben unter der Erde durch sein **Aussehen** und durch seine **Sinnesorgane** gut ausgerüstet.

• Der Maulwurf drückt seinen walzenförmigen Körper gegen die lockeren Wände, bis diese glatt und hart werden. Vorteil: schnelles Fortbewegen durch Röhren.

• Mit dem rundlichen Kopf und dem kurzen Hals eckt der Maulwurf nicht an den Wänden der Gänge an. Vorteil: ungehindertes Laufen durch die Gänge.

• Der Maulwurf hat keine Ohrmuscheln, kann so seine Ohren dicht an die Laufwände anlegen, mit seinem guten Gehör nach Beute lauschen. Die Ohren sind durch eine Haut verschließbar, sodass keine Erde ins Ohr fallen kann. Vorteil: gutes Wahrnehmen der Beute.

• Die Augen des Maulwurfs sind klein und im Fell verborgen. Vorteil: geschützt vor Schmutz und Dreck.

• Mit seiner keilförmigen Schnauze kann er sich gut in die Erde hineinbohren. Vorteil: schnelles Bauen von unterirdischen Gängen.

• Das kurze, samtartige Fell verhindert, dass sich Erde und Schmutz am Körper festsetzen. Vorteil: sauberes Fell.

• Das strichlose Fell bietet sowohl beim Vorwärtslaufen als auch beim Rückwärtslaufen keinen Widerstand. Vorteil: leichtes Laufen durch Gänge.

• Breite, mit Krallen versehene Grabschaufeln sind für das Graben in den Gängen und das Wegschaffen von Erde bestens geeignet. Vorteil: schnelles Graben.

76	**Maulwurf und Igel**

76

Maulwurf und Igel

1. Kinder erzählen die Geschichte mithilfe der Bilder.

2. Sinn der Geschichte: a ✗ c ✗

77

3. Am Anfang der Geschichte: Igel: friert sehr stark; Maulwurf: ist anfänglich zufrieden. Am Ende der Geschichte: Maulwurf: findet es unerträglich; Igel: ist zufrieden und bleibt.

4. Der Maulwurf hat aus Mitleid den Igel in seine Höhle gelassen, hat aber dabei nicht bedacht, dass er mit dem stacheligen Igel nicht zusammen in so einem engen Raum leben kann.

Ratschlag: Erst nachdenken, dann handeln!

5. Fortsetzungsgeschichte:

„Ich bleibe", sprach der Igel. Der Maulwurf versuchte zunächst vergeblich, den Igel aus der Höhle zu drängen. Da sprach er schließlich zu dem Igel: „Wenn du versprichst, wieder meine Wohnung zu verlassen, dann bekommst du auch Würmer und Engerlinge von mir für die nächste Zeit." Da der Igel sehr hungrig war und in den engen Gängen nicht auf die Jagd gehen konnte, versprach er dem Maulwurf: „Ich sehe ein, du hast bisher viel für mich getan und willst mir auch etwas von deiner Nahrung abgeben. Ja, ich will gehen, aber erst, wenn die größte Kälte vorbei ist." Damit waren beide einverstanden.

78
79

Die kleinen Kolosse der Savanne

1. Lösungswort: R Ü S S E L

2. Nach wenigen Stunden muss das Kalb selbst laufen können, denn die Herde zieht ständig weiter, um Futter zu suchen.

3. Die kleinen Elefanten müssen erst lernen, mit dem Rüssel Wasser zu trinken. Lieber beugen sie sich vor, um mit dem Maul zu trinken, was oft mit einem Purzelbaum endet.

4. Elefantenbabys rangeln gern miteinander, stehen dann Stirn an Stirn und tragen Rüssel-Ringkämpfe aus.

80

5. Reimwörter: ✗ trinken - winken; ✗ kreuz und quer - hin und her; ✗ Ohren - schmoren; ✗ am Tag - mag; ✗ kaum - Purzelbaum; ✗ sehr - mehr

6. Rüsselreim: Baby Bimbo will nicht gern am Boden sitzen; lieber will es mit dem Rüssel Wasser spritzen.

Ohrenreim: Ich werde mit riesigen Ohren geboren, aber segeln kann ich nicht mit meinen Segelohren.

Stoßzähnereim: Mama gräbt mit ihren Stoßzähnen nach Wasser noch, bald plansche ich im großen Wasserloch.

Trompetenreim: Wenn Mama trompetet laut vor Ort, dann lauf ich schnell zu ihr, sofort!

81

7. Kinder beschreiben mündlich den Elefanten.

8. Der afrikanische Elefant

Afrikanische Elefanten leben in großen Herden in Urwäldern und Steppen von Afrika. Sie sind 4 m hoch, 7 m lang und haben ein Gewicht bis zu 6 Tonnen. Ihre schweren Stoßzähne wiegen bis zu 60 kg. Der schwere, massige Elefantenrumpf wird von vier säulenförmigen Beinen getragen. Am Kopf befinden sich der Rüssel, die Stoßzähne und die großen Ohren. Die Stoßzähne aus Elfenbein sind verlängerte Schneidezähne. Der afrikanische Elefant hat einen kurzen Hals und am Rücken ein Hohlkreuz. Verwandte Kühe und ihre Jungen leben in Herden bis zu 10 Tieren. Am Tag wandern und fressen sie je drei Stunden. Elefantenmütter kümmern sich rührend um ihre Jungen, sind feinfühlig und gutmütig. Elefanten fressen Gras und reißen mit dem Rüssel Blätter von den Baumästen ab. Sie trinken rund 200 Liter Wasser am Tag. Im Zirkus lassen sich Elefanten Kunststücke beibringen. Auch zur Arbeit lassen sie sich abrichten.

82
83

Wie lebt das Eichhörnchen im Wald?

1. Körperteile des Eichhörnchens: sichelförmige Krallen - pinselartige Ohren - buschiger Schwanz - kräftige Hinterbeine - meißelförmige Schneidezähne

2. Lösungswörter im **Lückentext:** Baumhörnchen - Eichkätzchen - Nagetier - Bäumen -

Kopf - Schwanzspitze - feuerrotes - graues - Schuppen - zerhackt - Kobel

3. Begriffe, die **nicht** stimmen: ✗ blaue Augen ✗ einen grauen Bauch ✗ im Winter ein rotes Fell ✗ meißelförmige Krallen ✗ sichelförmige Zähne

4. Warum kann das Eichhörnchen so weit springen?

Das Eichhörnchen hat scharfe und spitze Krallen. Diese sorgen für einen sicheren Halt auf dem Ast. Es kann gut räumlich sehen, denn vor dem Absprung vom Baum muss es die Entfernung bis zum nächsten Baum richtig einschätzen können. Mit seinen kräftigen Hinterbeinen stößt es sich wuchtig vom Ast ab. Der schlanke und leichte Körper kann weit fliegen. Beim Flug braucht es seinen buschigen Schwanz zum Steuern in der Luft und zum Bremsen bei der Landung. Es landet zuerst mit den Vorderpfoten und krallt sich dann mit allen Zehen am Ast fest.

5. Wozu braucht das Eichhörnchen ...?

• Der buschige Schwanz steuert beim Flug und bremst bei der Landung, hilft beim Laufen am Boden, dass das Eichhörnchen das Gleichgewicht halten kann.

• Mit seinen sichelförmigen Krallen an den Zehen kann es sich gut an der Rinde, am Baumstamm und an den Ästen festhalten. Jede der beiden Vorderpfoten mit den beweglichen Krallen dient als Hand.

• Mit seinen meißelförmigen Schneidezähnen nagt das Eichhörnchen die Schuppen des Fichtenzapfens fein säuberlich ab.

• Mit seinen kräftigen Hinterbeinen stößt es sich vom Ast ab und kann so weit springen.

• Mit seinen pinselförmigen Ohren kann es gut hören.

• Es kann gut räumlich sehen, die Entfernung von Baum zu Baum richtig einschätzen.

6. Schüler fertigen individuell ihre Niederschrift zum Thema Eichhörnchen an.

Frederick

1. Frederick sammelte Sonnenstrahlen für die kalten, dunklen Wintertage. Er sammelte Farben, denn der Winter ist grau. Er sammelte Wörter. Es gibt viele lange Wintertage.

2. Die vier Feldmäuse sammelten Körner, Nüsse, Weizen, Stroh. Frederick sammelte Sonnenstrahlen, Farben und Wörter.

3. Kinder beschreiben mündlich das Mäusebild.

4. Frederick erzählte von **blauen** Kornblumen und **roten** Mohnblumen im **gelben** Kornfeld und von **grünen** Blättern am Beerenbusch.

5. Es war sehr kalt geworden zwischen den Steinen der alten Mauer: Frederick sendete den Mäusen Sonnenstrahlen, diese erwärmten sie. Er erzählte von schönen Farben in der Natur und die Mäuse stellten sich in ihrer Fantasie wunderbare Farben vor. Frederick unterhielt sie auch mit Worten, Versen und Gedichten.

6. Eigenschaften von Frederick: ✗ bescheiden ✗ unterhaltsam ✗ einfühlsam ✗ verschämt ✗ nett

7. In dem langen Winter wurden die Mäuse traurig. Keiner wollte mehr sprechen. Da ermunterte Frederick die Mäuse, unterhielt sie mit Worten, las ihnen ein Gedicht vor und stellte Quizfragen.

8. b ✗ Frederick und die übrigen Mäuse brauchen einander.

9. F a b e l: a ✗   c ✗

10. Mäusequiz:

• Die Wolke streut im Winter Schneeflocken auf die Erde.

• Die warme Frühlingsluft schmilzt das Eis auf dem See.

• Das Gewitter lässt es blitzen und donnern.

• Sonnenstrahlen und Regen bringen den Glücksklee zum Wachsen. Kinder suchen gerne nach vierblättrigen Kleeblättern, bringen die gefundenen zum Trocknen heim.

• Die Sonne geht am Abend unter, es wird dunkel auf der Erde.

• Die Erde dreht sich um sich selbst, der Mond erscheint am Abendhimmel, beginnt zu leuchten.

90 91	**Der gute Räuber Willibald**

1. Räuberquiz, Lösungswort: W I L L I B A L D

2. a ✗ Ein guter Räuber ist Willibald.
   b ✗ Willibald ist überzeugt, ein böser Räuber zu sein.

3. Fortsetzungsgeschichte: Wird Willibald ein böser Räuber sein?

4. Das Käuzchen ist erbost, weil Willibald den Bäcker bestehlen will, wo es doch in seinem Holzschuppen wohnen darf.

5. Gründe, warum Willibald den Bäcker nicht mehr bestehlen will: a ✗   c ✗   e ✗

6. Wie Willibald Brot bäckt:

✗ Willibald beginnt den Brotteig zu kneten.   ✗ Er macht die Brote rund.

✗ Er schiebt die Brote in den Ofen und wartet, bis die Brote braun sind.

✗ Willibald holt mit einer Stange die braunen Brote aus dem Ofen.

7. Vom Bäcker bekommt Willibald ein Brot ✗ als Lohn.

8. Willibald behauptet, dass er das Brot gestohlen hat. Er will damit Manni beweisen, dass er ein böser Räuber ist.

9. Lösungswörter zum Lückentext: guter - böser - bösen - gute - böser

10. Schüler erzählen mündlich die Bildergeschichte.

11. Bildergeschichte: Willibald will einen Heustall anzünden

„Was willst du mit den Streichhölzern?", fragt Manni. „Dem Bauern Nolte die Scheune anzünden!", erwidert Willibald. Er nimmt die Streichhölzer und geht los. Quer über die Felder geht Willibald, rechts den Bach entlang, bis er zur Viehkoppel kommt. „Guten Abend, Räuber Willibald. So spät unterwegs? Du hast doch nichts Böses vor?", fragt die Kuh. „Der Bauer ist nämlich ein guter Mensch, gibt uns Kühen viel Heu im Winter." Willibald freut sich, weil wenigstens die Kuh ihm etwas Böses zutraut. Er schleicht davon, quer über die Koppel, bis er zu Noltes Hof mit der Scheune kommt. Er sucht bereits in der Tasche nach den Streichhölzern. Da hört er die helle Stimme eines Hahnes: „Tuck, tuck, tuck, was willst du hier? Bist du jetzt Knecht bei Bauer Nolte?" „Natürlich nicht, ich bin doch ein Räuber." „Ich muss dir was Wichtiges sagen", spricht der Hahn weiter, „der Bauer hat seinen faulen Knecht Krauskopf entlassen. Vielleicht will sich der Knecht rächen und Noltes Heustall anzünden. Wo doch Bauer Nolte ein so guter Mensch ist." Da kommt auch schon Knecht Krauskopf angeschlichen, hat Streichhölzer in der Hand und denkt sich: „Dem Bauern Nolte werd ich's heimzahlen und die Scheune anzünden." Und schon brennt es. Willibald sieht noch, wie Krauskopf gerade eine Handvoll Stroh in die Flammen werfen will. „Halt!", schreit Willibald plötzlich, „stehen bleiben. Hände hoch oder ich schieße!" Der Knecht ist so überrascht, dass er sich ohne Widerstand fesseln und an einen Apfelbaum binden lässt. Geschwind löscht Willibald das Feuer, denn die Tiere im Stall sind schon in heller Aufregung. Da hört man ein Stampfen, Wiehern und Brüllen, dass selbst Bauer Nolte aus dem Schlaf erwacht und in den Hof springt, hinter ihm seine Frau. Und oben aus dem Fenster starren die neun Kinder mit entsetzten Augen. „Oje, das ist ja der Krauskopf, den Willibald gefangen hat", rufen alle durcheinander. „Vielen Dank auch", sagt Bauer Nolte und gibt [...] die Hand. Und die neun Kinder rufen aus dem Fenster: „Schenk dem guten Räuber Willibald etwas!" Da kommt Nolte schon aus dem Haus und gibt Willibald eine dicke Schwartenwurst. Als Willibald nach Hause kommt, fragt Manni: „Hat es wirklich gebrannt bei Bauer Nolte?" „Du kannst es an meinen Kleidern riechen, sie sind richtig angekohlt", antwortet Willibald. Manni bleibt misstrauisch. „Und was ist mit der Schwartenwurst? Hast du sie gestohlen?", fragt Manni. „Hm - man könnte es auch geschenkt nennen!", ergänzt Willibald. „Er ist wohl sehr dumm, der Bauer Nolte!", wirft Manni ein. „Wie kommst du darauf?" „Weil er dir eine Schwartenwurst schenkt, wenn du ihm die Scheune anzündest." Willibald möchte am liebsten in den Boden versinken, weil er dem Manni auf den Leim gegangen ist. „Lass mich in Ruhe, du vorlauter Bengel", murmelt Willibald in den Bart. „Gute Nacht, guter Räuber", sagt Manni, bevor Willibald wieder im Bilderbuch verschwindet.

© pb-Verlag Puchheim Textknacker 3. Jahrgangsstufe